INTRODUCING Plato: A GRAPHIC GUIDE by DAVE ROBINSON & JUDY GROVES
Copyright:©2000 BY DAVE ROBINSON & CHRIS GARRATT & JUDY GROVES
This edition arranged with ICON BOOKS LTD
through BIG APPLE AGENCY, INC.,LABUAN, MALAYSIA.
Simplified Chinese edition copyright:
2018 SDX JOINT PUBLISHING CO. LTD.
All rights reserved.

图画通识丛书
A Graphic Guides

柏拉图

Plato: A Graphic Guide

戴维·罗比森（Dave Robinson）/ 文
朱迪·格罗夫斯（Judy Groves）/ 图
卢修斯 / 译　李晖 / 修订

Simplified Chinese Copyright © 2018 by SDX Joint Publishing Company. All Rights Reserved.
本作品中文简体版权由生活·读书·新知三联书店所有。未经许可,不得翻印。

图书在版编目(CIP)数据

柏拉图/(英)戴维·罗比森文;(英)朱迪·格罗夫斯图;卢修斯译;李晖修订. 一北京:生活·读书·新知三联书店,2018.1(2025.5重印)
(图画通识丛书)
ISBN 978 – 7 – 108 – 06115 – 7

Ⅰ.①柏… Ⅱ.①戴…②朱…③卢…④李… Ⅲ.①柏拉图(Platon 前427– 前347) – 哲学思想 – 研究 Ⅳ.① B502.232

中国版本图书馆 CIP 数据核字(2017)第 231106 号

责任编辑	樊燕华
装帧设计	朱丽娜 张 红
责任校对	夏 天
责任印制	卢 岳
出版发行	生活·讀書·新知三联书店
	北京市东城区美术馆东街22号
邮 编	100010
图 字	01-2019-1743
网 址	www.sdxjpc.com
经 销	新华书店
排版制作	北京红方众文科技咨询有限责任公司
印 刷	河北松源印刷有限公司
版 次	2018年1月北京第1版
	2025年5月北京第3次印刷
开 本	787毫米×1092毫米 1/32 印张 5.75
字 数	50千字 图172幅
印 数	11,001-14,000 册
定 价	28.00元

(印装查询:010-64002715;邮购查询:010-84010542)

目 录

- 001 哲学家之王
- 002 雅典的世界
- 004 雅典的衰落
- 006 苏格拉底
- 007 游历
- 008 雅典学园
- 009 考虑欠妥的叙拉古之旅
- 011 平静的雅典学园
- 012 希腊文明
- 013 希腊思想
- 014 希腊城邦
- 015 柏拉图的警告
- 016 对柏拉图的影响：前苏格拉底时期哲学家
- 017 数学的宗教
- 018 赫拉克利特：一切皆在变化
- 020 纯粹科学与应用科学
- 021 苏格拉底的知识观
- 022 苏格拉底式对话
- 023 德性即知识
- 024 寻找本质
- 025 柏拉图笔下的苏格拉底
- 026 《游叙弗伦篇》
- 028 《申辩篇》
- 031 《克力同篇》
- 032 《斐多篇》
- 035 苏格拉底对柏拉图的影响
- 036 智者学派：用智慧换取钱财
- 038 智者的相对主义与怀疑主义
- 040 《普罗泰戈拉篇》
- 042 《美诺篇》
- 044 回忆的问题
- 046 柏拉图《理想国》简介
- 048 雅典与完美的国家

049 初步讨论
050 色拉叙马霍斯
052 糟糕的回应
053 更好的论据
054 道德的意识形态观
055 格劳孔与阿狄曼图
056 心理利己主义者
057 道德的社会契约论
058 但这是真的吗？
059 柏拉图的认识论
060 什么是知识？
061 共相与殊相
062 范式与摹本
063 令人费解的理念世界
064 柏拉图为什么需要理念
066 暂时的离题话
068 苏格拉底的定义
069 词语、观念与事物
070 定义与理念
071 理念与殊相
072 理念与殊相的关系
074 语言决定论
076 都是希腊语
077 完美的知识：完美的国家

078 整饬的答案
079 对理念论的批判
080 更多问题
081 后果
082 真实与确定的知识
084 什么是共相？
086 柏拉图的政治哲学
087 类比论证
088 社会如何起源
089 劳动分工
090 教育理想国的士兵
092 四种金属的神话
094 洞穴神话
096 这意味着什么？
098 和谐的蜂巢与灵魂
099 弥天大谎
100 护卫者的离奇生活
102 护卫者与理念
104 道德绝对主义
105 没有艺术的位置
106 艺术的现状
107 悖论
108 批评
110 国家舰船

- 112 野兽
- 114 柏拉图与人民
- 118 反乌托邦主义
- 120 什么是"正确"的政府?
- 122 《法律篇》
- 124 柏拉图的第二理想国
- 126 神权国家
- 128 柏拉图会如何处置苏格拉底?
- 130 《会饮篇》
- 131 同性恋与异性恋
- 132 那么,什么是爱情?
- 134 更纯粹的理念
- 136 阿尔喀比亚德登场
- 138 《蒂迈欧篇》
- 139 亚特兰蒂斯:失落之城的传说
- 140 《蒂迈欧篇》中的宇宙天体学
- 142 三角形—粒子理论
- 143 柏拉图与弦理论
- 144 空间
- 145 《智者篇》:难题与困惑
- 146 语言、思想与事物
- 147 《泰阿泰德篇》
- 148 感觉与知识
- 150 感知理论
- 152 我们如何产生错误的想法?
- 154 《斐德罗篇》
- 155 什么是修辞学?
- 156 反对写作
- 158 解构逻各斯中心主义
- 159 私人与公共声音
- 160 柏拉图的继承者之一:亚里士多德
- 162 柏拉图主义者、新柏拉图主义者及其他
- 164 他是哪种哲学家?
- 166 哲学家做什么?
- 167 对话盘诘
- 168 答案是什么?
- 169 追寻理想的完美
- 170 柏拉图,逃避艺术家
- 172 拓展阅读
- 174 致谢
- 175 索引

哲学家之王

柏拉图或许是有史以来最伟大的哲学家,并且第一个把各种不同思想与争论整理成册供所有人阅读。他想要了解一切事物。为了得到对他那些令人不安的问题的回答,他经常叨扰朋友与其他哲学家同行。他自己的观点也很坚决,其中有些看上去挺有道理,有些现在看来则非常奇怪。不过从一开始,他就知道"从事哲学"是一项非常特殊的活动……

每一个哲学家都必须以不倦的激情翱翔,直到他们把握事物真实不虚的本性。

雅典的世界

公元前 427 年,柏拉图出生于一个贵族家庭,并在雅典度过一生中的大部分时光。公元前 5 世纪的雅典城邦或许是当时世界上文明化程度最高的地方——是那些天文学家、生物学家、逻辑学家、艺术家、数学家,以及当时被笼统归类为"爱智者"或"哲学家"的各类思想者的家园。

雅典的衰落

柏拉图生活在雅典历史上一个动荡且最终走向灾难的年代。在雅典的黄金时代,伟大的政治家**伯里克利**(约公元前495—前429)成功联合了几乎所有的希腊城邦,并组成临时同盟,以便抵御长期以来构成入侵威胁的波斯人。但这个联盟存在的时间很短暂。

柏拉图极有可能在最后一次战争中作为一名骑兵参战。像他这样的公民如果没这么做反而会很奇怪。他和雅典上流社会的其他青年人一样，对这场战争的态度比较矛盾。

我们仰慕斯巴达，它作为一个贵族社会高效且稳定，因为它拒绝采纳底层民众的无稽之论。

战后，斯巴达给雅典强加了一个傀儡政权。如果历史稍加改写，柏拉图可能就会像他的亲戚克里底亚与卡米德斯一样，成为这个政权的一员。

苏格拉底

柏拉图遇见了苏格拉底（公元前470—前399），一名充满超凡魅力的哲学家，他彻底改变了柏拉图的生活。对于许多雅典青年来说，苏格拉底是位深受欢迎的宗师，尽管他的外表、个人习惯以及哲学观点在雅典的剧院与公共生活中受到嘲笑与讥讽。苏格拉底坚持认为哲学无法传授，因为它其实是一种思想方法而不是知识体。如同所有宗师一样，他经常借助于隐语和悖论的方式说话。

苏格拉底鼓励的这种叛逆行为，通常会被政府与当权者所痛恨。雅典公民最终赶走了"三十僭主"组成的傀儡政权，恢复了民主政府，并在公元前399年判处苏格拉底死刑，迫使他服毒身亡。针对他的两项指控颇让人难以信服：他被控亵渎神灵，并且还腐蚀青年。然而事实上，他很可能是因为与两位过去的学生克里底亚（"僭主"）和阿尔喀比亚德（"斯巴达叛徒"）保持亲密友谊而被判刑。苏格拉底，如同他的学生柏拉图一样，在结交朋友时似乎经常做出灾难性的选择。

游历

处决苏格拉底这一事件给许多雅典青年人带来了极大创痛。对柏拉图来说也是如此。他满怀对雅典政治与政治家的厌恶离开了这个城邦。那时,他说:

> 除非国王成为哲学家或者哲学家成为国王,否则这个世界永远不会变好。

他在地中海沿岸各处游历,**也许**到过埃及,**也许**曾被海盗绑架并勒索,并且几乎可以肯定的是,他在最终短暂落脚于西西里国王狄奥尼西奥斯一世的宫廷之前,拜访了一些意大利南部的希腊殖民地。在西西里他遇见了一位相貌迷人的青年狄翁。狄翁给这位人到中年的雅典难民留下了深刻印象。柏拉图还会见了哲学家塔兰托的阿尔库塔斯,后者激发了他对毕达哥拉斯数学的兴趣。

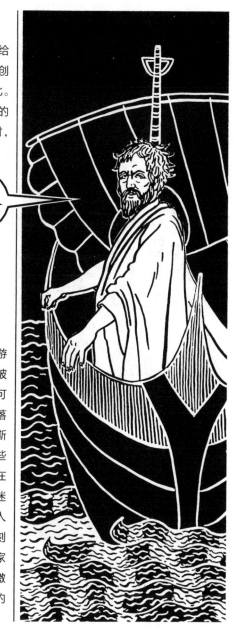

雅典学园

思乡的柏拉图最终回到了雅典。公元前 387 年左右,他在雅典城的西郊建立了欧洲第一所大学,称之为"学园"(音译为"阿卡德米",源自英雄人物阿卡德摩的名字。——译注)。在这所教育机构里,全天从事哲学研究的学者们在同一张桌边用餐,争论所有已知的事物,将苏格拉底式辩论的精神延续下去。柏拉图边在花园里散步边给学生们讲授数学、天文学以及他的"理念"论(亦译为"形式"或"理式"。——译注)。他有一间小图书馆,甚至可能还有一个行星运行轨道的机械模型。像意大利南部的毕达哥拉斯派学者一样,雅典学园的成员相信研究数学是理解万物的关键。

那些不甚好学的雅典人,有时会对建立学园的宗旨感到困惑。一次,许多公民热烈地响应一场广而告之的关于"良善生活"的公共演讲。他们期待着聆听有关幸福与提高修养的报告,到头来却不得不忍受一场冗长且令人费解的高等数学讲座。

考虑欠妥的叙拉古之旅

柏拉图 60 岁时应朋友狄翁的请求,再次拜访西西里的叙拉古,结果给自己引来祸端。据传,柏拉图被聘为年轻的国王狄奥尼西奥斯二世的私人教师,却发现自己置身于可怕的政治马蜂窝旁边。狄翁本人则因阴谋推翻国王而被流放。

结果,当柏拉图想要离开叙拉古回家时,他似乎遇到了一些"困难"。此时,国王在困境中已经做出了理性决定:他需要考虑更紧迫的问题,而不是形而上学的辅导课。

当柏拉图风闻狄奥尼西奥斯答应要撤销狄翁的放逐令后，又极不明智地回到了叙拉古。然而狄翁的放逐期并未结束，他的全部财产都被没收。如果不是某位邻国统治者为了柏拉图而出面干预，他可能会被终身软禁在叙拉古。公元前357年，狄翁入侵叙拉古，并推翻了狄奥尼西奥斯二世……

然而之后他就被我的另外一位老熟人卡利波斯暗杀。

这段充满了背叛、勒索、威胁与暴力的错综复杂的故事似乎暗示了柏拉图对他人品格和政治环境的判断力都相当糟糕。他在结束最后一次访游后彻底放弃公众生活，从此对所有政客都保持怀疑态度。这显然是恰当的做法。

平静的雅典学园

最终柏拉图回到了雅典,在学园里教授学生,与人讨论争辩,直到公元前 347 年逝世。学园令人印象最深刻的学生是一个从北方来的叫**亚里士多德**的马其顿人(公元前 384 —前 322)。

我跟随柏拉图学习了 20 年,在他死后成为雅典学园的掌门。不过我后来在公元前 335 年建立了自己的学校——吕克昂学园。

雅典学园本身又延续了几个世纪,直到 529 年最终被基督教皇帝查士丁尼关闭。柏拉图死时已经年逾耄耋,就像绝大多数最终以哲学为职业的人一样,他几乎身无分文。

希腊文明

公元前5世纪雅典文明极为特殊之处，主要在于它奠定了现代西方信念与价值观的基础。不过，尽管雅典人在很多方面与我们类似，但在其他一些方面则相当不同。他们推崇战士的品德，并且大概不像我们这么个人主义，比我们更有"部族意识"。因为他们的社会与文化环境与我们的非常不同，这就意味着许多希腊词汇很难被翻译为明确对应的现代英语词汇。

希腊思想

希腊人对世界与他们自己有着一种**目的论**的看法,也就是说世界上的所有事物都有一个终极目的或安排——一把好刀必须得锋利,一匹马强壮而听话,一个政府公正且有效率,如此等等。所以,一个"良善"之人是个履行自己职能的人,主要表现在做一个好公民。奴隶是不幸的——他们的"天性"注定了他们是奴隶。

希腊的宗教信仰也非常与众不同。希腊诸神是群喜爱争吵、淫乱,还常常不讲道德的家伙,恭维他们并向他们献祭是明智的举动。有才智的希腊公民则在官方宗教之外寻找他们的政治与伦理准则。

我们抛开神话解释而提出一些根本问题,以便开始"从事哲学"。

我们质疑一切……

数学、道德、生物、政治、社会学、历史、天文、经济……

"知识"刚刚起步,这意味着雅典人不像我们现在这样对不同的学科有着刻板的区分。雅典是第一个拒绝把传统答案视为理所当然的社会,他们带着批评和探索的心态,正因如此,而不是其他原因,他们直到今天仍然显得非常"现代"。

希腊城邦

柏拉图出生时希腊的城邦已经很稳固。它们在古代世界相当独特：埃及与波斯是庞大、富裕且统一的神权社会，而希腊人则生活在小而独立的城邦，其中大多都不富庶。

雅典的特殊之处，在于它经常采取一种非常直接的民主统治形式，并让全体成年男性公民都参与其中。一个雅典人享有各种权利，但同时也得履行许多艰巨的政治与公共义务，比如服兵役或是当陪审员。如果你比较富有的话，还得负担宗教仪式和季节性戏剧演出的开销。雅典因盛产伟大的剧作家而闻名，如埃斯库罗斯、索福克勒斯、欧里庇得斯、阿里斯多芬等等。

柏拉图的警告

柏拉图向他的雅典同胞就城邦当前面临的危险提出警告。雅典受到外来敌人——波斯帝国与军国主义城邦斯巴达——的威胁。雅典公民们似乎永远都在争吵不休。他们效力的那些民主政府，无一例外地既腐败又低效。聪明的年轻人、未来的公民则被"智者派"的思想学说所腐蚀。

按照智者们的教诲，道德是一种个人选择，而人的自私只是"天性使然"。

柏拉图通过《理想国》拼命地想证明这些观点是多么错误和危险。对柏拉图而言，腐败与衰落总是伴随着改变与进步。他的哲学旨在提供能够拯救雅典的永恒的道德价值观与政治上的稳定。当然，他并不知道，真正的威胁来自北方。雅典最终被**腓力大帝**（公元前382—前336）与他的继任者、亚里士多德的学生**亚历山大大帝**（公元前356—前323）的马其顿帝国吞并。

对柏拉图的影响:前苏格拉底时期哲学家

对柏拉图影响最大的三位哲学家是毕达哥拉斯、赫拉克利特与苏格拉底。**毕达哥拉斯**(约公元前571—前496)出生在萨摩斯岛,因受独裁者波利克拉特迫害而移居希腊化的意大利南方城市克罗顿。与许多公元前6世纪的"前苏格拉底"哲学家一样,他相信构成"万物"的某种基础统一性或元素必然存在。不同的前苏格拉底哲学家们分别提出该"统一性"可能是水、空气、火或者原子。

但我断言万物皆为数字。

你放眼望去,触目所及都是数学。

他的看法似乎很荒谬,并且有悖于直觉。我们很难看出云朵、树木、波浪何以是"数学"。毕达哥拉斯得出这个结论,是因为他发现,单独的音符与音乐结构都可以解释为数字比例关系。在他看来,这意味着一切自然现象都是类似的数学现象。

数学的宗教

毕达哥拉斯还意识到，数学独立于可察知的经验世界。你无法**看见**"三角形属性"或者"47"这个数字。数学是"纯粹"且未被污染的。研究数学让人得以逃避物质世界的污浊凌乱。

数字是普遍存在、不可朽坏、永恒真实的，它们的真相只能通过理性来揭示。

毕达哥拉斯对数字产生了深深的宗教敬畏，同时也喜爱以几何图形呈现的数字样式。

毕达哥拉斯在克罗顿建立了一个由数学家信众们组成的殖民地，并以钢铁般的纪律管理之。他还相信不朽灵魂的存在以及灵魂转世。因此，由于毕达哥拉斯的根本影响，希腊人形成了一种普遍观念，即真正的知识必须要像数学那样：普适、永恒、通过纯粹思想而获得，并且不受感官污染。此外，他还以事实证明，建立一个社群，并且由哲学家进行成功统治，这种事是有可能实现的。

赫拉克利特：一切皆在变化

赫拉克利特（约公元前535—前475）具有一种奇特的加速发展世界观。对他来说，世界在永恒的运动与变化中。没有任何事物是恒定或可靠的。他有句名言："**Panta rei**"——一切皆在变化。

即便是高山，也像是极其缓慢移动的瀑布。

这意味着我们所有关于经验世界的观念总是暂时的、不可靠的，且永远无法真正算作"知识"。

我们自信地声称看到了眼前的一条狗。可它过去曾经是狗崽，不久后还会变为一具尸体。

世界只是"过程",而且不仅如此,每个人观看世界的方式也全然不同。我们所有关于世界的观念都"与观察者有关"。杠铃对于一个普通人来说很重,对于一名举重运动员则较轻。

"这栋建筑大"只意味着"对我而言大"。赫拉克利特对经验知识的怀疑进一步强化了毕达哥拉斯的观点。真正的知识只有通过心智思想而不是感官得到,才会是纯粹和永恒的。

纯粹科学与应用科学

在毕达哥拉斯和赫拉克利特之后,大多数希腊哲学家都认为知识只能来自于思考。尽管观察是一种有用的方式,但它在理解世界以及人类在世界当中所处地位时,却属于一种低级而容易误导的方式。

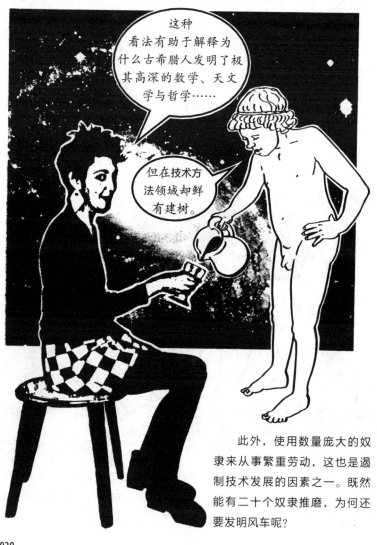

此外,使用数量庞大的奴隶来从事繁重劳动,这也是遏制技术发展的因素之一。既然能有二十个奴隶推磨,为何还要发明风车呢?

苏格拉底的知识观

不过,相比任何其他哲学家,苏格拉底给了柏拉图更多的启发。他又矮又丑,形容不整,还偶尔喝醉,但却具有极大的影响力。由于柏拉图的记载,我们才了解到苏格拉底谈论的各种事情。

哲学家的任务在于关注人类——他们应当怎样生活,而不是绞尽脑汁去研究自然世界的内在结构。

苏格拉底执著地思考人类"德性"这个问题。人应该努力争取什么?

一些哲学家已经提出,只要个人能够获得愉悦和幸福就已足够,而苏格拉底则坚信这个问题的答案是"**知识**"。从目的论角度来看,人类的目标就是要质疑一切,与他人展开辩论,从而尽可能地接近真理。

苏格拉底式对话

哲学是一种奇特的活动,它不像几何或者物理那样有着明确的、按部就班的方法。苏格拉底只能预先创立一些必须通过哲学解决的问题,并且给出研究方法。他倡导的观点是:哲学应该是一个立论与争辩的过程。这样做会形成否定谬见的功效。"苏格拉底式对话"的参与者几乎总会发现,他们针对那些哲学问题的回答并不完善,而且无法让人信服。

他们一开始以为自己懂得某些概念,但很快就发现他们其实并不明白。

因此,苏格拉底式的对话往往更有利于揭示无知状态,而不是提供现成答案。

哲学的任务是厘清当前提出的各种问题,继而判定哪一类回答可以被接受。它在更大程度上是一个厘清问题的过程,而不是发现新鲜事物。苏格拉底习惯使用提问方式,让那些原本怡然自适的人感到措手不及。这显然会让人格外恼怒。这也是为什么他的绰号是"牛虻"的原因。他还有一个比较褒义的绰号:"助产士",因为他协助不同的人完成了知识的分娩过程。

德性即知识

尽管苏格拉底谨言慎思，但他并不是个怀疑论者。他确实相信，关于人类实现自身完满的成因，或许最终能够获得有限的了解。关于人类应该怎样生活，他也有一些明确的理论。通过教育，人类可以认识真正的自我，知道什么是善，并采取相应的行动。这点反映在苏格拉底的名言里：

> 未经省察的生活是不值得过的。

> 对苏格拉底而言，道德远不止是各种法规的汇集。

善是一种知识，它以某种隐秘编码的形式汇入宇宙自身的结构——因此就有一些自然而成的**道德事实**。一旦人们知道了这些事实，那么就不可能做坏事。这意味着邪恶的人仅仅是无知的。

对于当代人来说，声称道德是一种知识，多少显得有些奇怪。如今我们已经不再确信任何道德"事实"的存在了。

寻找本质

苏格拉底还认为所有事物与观念都有一个神秘的内在"本质",并且能够通过针锋相对的辩论而予以揭示。真正的知识,在于能否寻找到各种确凿的定义。通常这就需要对某个概念的众多差异例证进行检验,以便找出某种共性。当你完成这道程序,下一步应该就可以形成普遍定义了。

我问所有人:"什么是正义?"如果某个回答适用于各种实际情况,那就算是找到正确答案了。

这种"本质主义"信条似乎在数学运算与几何学当中很管用。一个三角形的"本质"是一个"三条边的图形"。但是人类或者"善"的"本质",却不那么清楚。由于苏拉格底的探寻活动鲜有所获,所以他表示,人类心灵的常态是无知,而不是有知。

柏拉图笔下的苏格拉底

柏拉图最早的哲学作品是他对苏格拉底的致敬，也是他让苏格拉底式辩论传统保持生机的尝试。他想纠正对苏格拉底的误解，并把他的言论传播给所有人。在他几乎所有的著作里，柏拉图都让苏格拉底做他的发言人，因此人们未必总是能分辨清楚，这些著作里展示的各类观点分别来自于哪一位。柏拉图似乎并不为此操心，因为他认为自己在延续一个哲学传统。不过，当今大部分学者认为柏拉图的早期对话基本准确地记载了苏格拉底的观点，而中后期的作品则主要为柏拉图自己的内容。

一本13世纪英国占卜书卷首插图上的柏拉图与苏格拉底（左：柏拉图；右：苏格拉底）

雅克·德里达在《明信片》（1980）一书中对这个有趣的图像表示疑惑：画中的苏格拉底似乎正在**书写**柏拉图**口授**的内容——这就形成了有关"书面言说者"的谜团。

《游叙弗伦篇》

《游叙弗伦篇》是游叙弗伦与苏格拉底之间在雅典法庭外的一篇对话。苏格拉底即将被审判并处以死刑,但他却仍然抓紧时间找人讨论问题。两人的讨论内容,是"基于宗教信仰的道德"与"基于哲学论证的道德"之间的关键差异。苏格拉底指出,几乎不可能从诸神那里得出一个始终如一的道德准则。他们争吵不休,要让他们全体成员在所有时候都心满意足,似乎也绝无可能。不过,最重要的是,柏拉图(或者苏格拉底?)使游叙弗伦承认了一个关键的区别。

道德上正确的未必总是虔诚的……宗教是因为被爱而可爱,道德则因为可爱而被爱。

和往常一样，苏格拉底把游叙弗伦逼到一个让他无法脱身的语言与概念迷宫里。游叙弗伦对这位著名渎神者不合常规的谈话感到不安，他非常不愿意得出任何有悖于正统的结论，所以找借口离开。话说回来，苏格拉底的这些观点，也正是他将来面临审判的原因。

真正的道德知识只能通过哲学思考与辩论获得。游叙弗伦恪守宗教法令，继而确信自己的行为合乎道德，这实在太容易做到了。道德与宗教经常存在冲突。人们可以出于宗教原因作恶，而有时一个道德的行为或许难免有悖于宗教正统。只有当人们摆脱宗教的教条思想与非理性因素时，真正的道德哲学才能开始。

《申辩篇》

从表面来看,《申辩篇》是受审过程中的苏格拉底在自己死刑宣判前后的一系列言谈记录。他毫无愧疚或和解的意思,而是理直气壮地进行抗辩。他给法庭上了一堂关于哲学辩论本质的课。他声称,为了激发辩论,有时有必要提出自己并不相信的看法。他勉强承认,自己的追随者当中有些缺乏责任感的贵族青年,他们可能拿烦琐乏味的问题叨扰过长辈贤达。然而苏格拉底坚信,进行哲学思考并说出自己认识到的真相,永远是他的职责所在。

> 如果你认为一个人应该把时间用来权衡生死前途,觉得这才算是活得有价值,那你就错了。

这些彰扬思想独立与诚挚道德、赋予所有哲学家以英雄标志的豪迈宣言,让后世的哲学家很感兴趣。而其他人,比如美国记者 **I.F. 斯通**(生于1908年),则认为这篇演说充满了自相矛盾与虚伪的遁词。苏格拉底声称自己并不过问政治,因为他自己"内心的声音"告诉他要回避公共生活。他颇为明智地认识到,许多雅典政治家的寿命都不是很长。"一个人哪怕只想多存活一小段时间,就必须将自己限定在私人生活领域,并且远离政治。"

苏格拉底确实很可能间接卷入了危险的雅典政治。不过毫无疑问，他以令人敬佩的坚忍和平静接受了他的死刑。他最后说道，自己的死亡或者意味着彻底湮灭，或者是一次绝无仅有的机会，让他能够会晤以前那些伟大的希腊思想者。他以典型的个人风格夸口道，自己将会邀请他们继续辩论下去。这样的谈话将永无止息。

到那里以后，我会像在这边一样，花时间来考察研究人们的思想，从而发现他们当中哪些是真正的聪明人，哪些人只不过是自以为是。

《克力同篇》

《克力同篇》记载了苏格拉底行刑前夜在城邦监狱里发生的一场讨论。克力同向苏格拉底保证,他能安排他逃脱。

作为一个雅典公民,他与城邦订立了一份契约。这份契约不仅赋予他各项权利,同时也施加了责任义务。无论城邦的法律程序怎样误入歧途,他仍然会予以遵守。此外,如果他流亡出逃,那么在公民同胞的眼里,这只会进一步坐实他的罪名。"如果我离开这个地方,就不再会成为法律偏失的受害者,而是会变成被民众冤枉的对象。"

《斐多篇》

《斐多篇》是对苏格拉底之死的著名记载。苏格拉底向悲恸的友人们提供了许多不同的论点,借以证明他认自身灵魂不朽的信念。他语带反讽地指出,哲学家们始终是一帮清心寡欲的人,对肉体享乐不感兴趣,因此多少算是处于"半死"状态。哲学思考是灵魂从肉体获得解脱的过程:死亡只是更进一步的分隔。

智性
或者灵魂可以非常清晰地理解概念与观念,而肉体总是导致混乱与错误。

生与死紧密相连——死由生而来,所以从死亡里必然会形成某种生命。

我们从出生时似乎就已知晓的一切事物，它们都指向某种前世的存在。

既然有前世，或许还会有后世的存在。

灵魂是不可见且神圣的，而肉身则可以看见，且终有一死。只有灵魂能够把握感官无法察知的概念。这一连串的论述从苏格拉底口中倾吐而出，滔滔不绝。

不过，物质论者西米亚斯没被说服，他不明智地说道：

最终，一名城邦官员带着一杯毒药到来，苏格拉底将其一饮而尽。苏格拉底的双腿和躯干逐渐发凉。随后这一番谈话终于戛然而止。

苏格拉底对柏拉图的影响

除此之外柏拉图还写过其他著作,是对苏格拉底与友人们争辩内容的进一步记载。他们的辩论涉及各种话题:节制(《卡尔米德篇》)、友谊(《吕锡篇》)、勇气(《拉凯斯篇》),以及伦理与教育(《普罗泰戈拉篇》)。苏格拉底总是说他做不了老师,因为他没有知识可以传授。不过,他给了柏拉图一个明确的哲学规划。

知识必须要像那些确定的数学内容一样恒久不变。它必须要远离赫拉克利特式的变化世界,远离怀疑论者的相对主义思想。他总结到,人们或许不可能找寻到那些确凿定义,甚至在已经拥有它们的时候仍旧毫不知情。真理实存,但人类很难获得。为了找到摆脱这种困境的道路,柏拉图决心揭示出一个确定的世界。它存在于这个变化衰亡的世界之外,而只有一些专修之人能够到达那里。

智者学派：用智慧换取钱财

雅典是个新观念的市场。一群被称为"智者"的思想家把他们的哲学作为一种自我提升的商品来出售。他们四处周游，通过给富庶人家的子弟上课来获取大笔钱财。

对智者们来说，"良善者"可以在政治辩论中迷惑他的对手，因此获得影响并取得成功。雅典的暴发户都想让自己的儿子到社会上闯荡，而智者在这群人当中备受欢迎。

苏格拉底和柏拉图都敌视智者学派,部分原因在于,他们都认为智者对旧有的世界秩序形成了威胁。

柏拉图的一位学生曾经冒冒失失地问他,学哲学有什么用处,结果他从柏拉图那里获得一枚硬币,作为他学习的"酬劳",随后就被柏拉图视为不宜求学而打发回家了。

智者的相对主义与怀疑主义

希腊史家希罗多德（约公元前484—前424）曾经在海外游历，在希腊之外见识到许多大不相同的观念与文化习俗。"察风俗乃知境迁。"每个国家的法律与道德都不一样，这让过度自信的雅典人有些吃惊。不过智者们得出了自己的结论。

如果道德观念各异而非普遍存在，那么也许所有的道德都不过是"人造"的，或者是习俗的产物。

因此，对世俗法律只需虚与委蛇，别去招惹当权者，但始终应该照顾好一己私利。

所以，**文化相对主义**（不同文化行为方式不同）会导致**伦理相对主义**（承认不同文化有不同的道德观），而这又很容易滑入**伦理怀疑主义**（没有能够证明的绝对道德规范），最终导致令人深感担忧的**伦理虚无主义**（没有道德规范，人们可以为所欲为）。

智者们认为"自由""忠诚""公正"及"平等"这些词只不过是人类的主观发明，只对每个个体有意义。尽管苏格拉底坚称年轻人不应把任何事当作理所当然，而应质疑一切，但他却深信，智者学派这种空泛的怀疑论，以及在语义领域的相对主义立场，全都是错误的。哲学的目的在于寻找真理，而不是"赢得"辩论。

哲学是严肃的道德事务。它必须如此。因为我们已经无法再指望宗教信仰能提供智慧。

真正的哲学家必须毫无私欲地寻找道德真理，尽管它们很难找到，但确实存在。

柏拉图继续讨伐智者学派的道德怀疑论与自私自利的学说，并且抨击他们对年轻人的影响。如果没有一套可靠的核心的道德价值观念，雅典就会深陷困境。

《普罗泰戈拉篇》

某些对智者学派的攻击出现在**《普罗泰戈拉篇》**和《高尔吉亚篇》中。**普罗泰戈拉**（公元前490—前420）是苏格拉底和柏拉图都比较敬重的哲学家。他说：人是万物的尺度，是存在者存在的尺度，也是不存在者不存在的尺度。（即：人的信念是人类的创造，它取决于察知者的状况，因此没有人可以说另一个人错。）

对普罗泰戈拉而言，所有道德准则都是相对的，而行为唯一的标准是自我保全与权宜行事的原则。但他同时也是民主理想的捍卫者。

在《普罗泰戈拉篇》中，所有人最终都同意：对"德性"的界定，或者界定对人类最有益的东西是什么，这种惯常的探求行为应被舍弃。所有人都只能继续保持在对"德性"的无知状态中。**《高尔吉亚篇》**中的智者卡里克勒则是一位魅力程度较低的人物。他认为法律与道德只不过是人类习俗。一个聪明人在寻求自我满足时，应该将自己置于法律之上，并且需要把握权柄、统领他人。

《美诺篇》

《美诺篇》是再次为"德性"提供恰当定义的尝试。苏格拉底最终得出结论:德性无法传授。德性是神先天赋予所有人的东西,尽管只有很少一部分人能够"回忆"起来。接下来,美诺请苏格拉底解释:

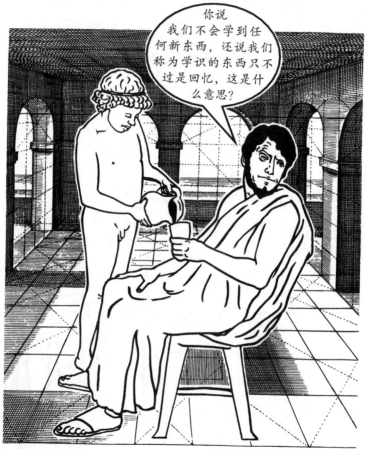

你说我们不会学到任何新东西,还说我们称为学识的东西只不过是回忆,这是什么意思?

这次,我们听到的这些观点很可能来自柏拉图,而不是苏格拉底本人。对于柏拉图而言,知识是天生的,因而"学习"只是促使知识从我们有意识的脑海里重新浮现。苏格拉底通过向美诺家一位从未接受过任何教育的少年奴隶提出几何学的问题,来简单地证明了这一点。

在一些提示之后,男孩似乎能够进行相当复杂的几何计算。

这位少年奴隶没受过教育,却似乎懂得几何。

根据这个事实,苏格拉底得出了一些非同寻常的结论。我们知道少年奴隶这辈子并没有学过几何,因此他在出生前必然以某种非物质存在的形式了解过它。总而言之,他有个不朽的灵魂,其他人亦如此。因此,学习是个**回忆**的过程,是灵魂对出生前的情境产生回想。

回忆的问题

通过一堂几何课就能证明灵魂的不朽就好了，但不幸的是，柏拉图论证总结的步骤过于草率。

柏拉图主要的问题在于他从没提供任何有说服力的证据来证明少年奴隶的确具有天生的几何知识。

苏格拉底向男孩提出"封闭式"的问题（即那些只需回答"是"或者"否"的问题），因而男孩大概能从哲学家的声调变化里猜到哪个是正确答案。

《美诺篇》里展开的这场争辩，涉及人类心智的内在能力范围。直至今日，语言学家、数学家、心理学家与哲学家仍在争辩这个问题。有大量证据表明人类大脑的确是为进行数学运算及学习语言而特殊设计的。所以，尽管柏拉图的方法看起来有缺陷，他一开始的结论很可能是正确的。

柏拉图《理想国》简介

《理想国》是柏拉图主要的哲学作品——他尝试展现给所有人一个理想国家的景象。这是一部令人惊异的著作,涵盖了关于知识、宗教、灵魂、伦理、政治、教育、女性主义、战争、艺术以及其他许多问题。《理想国》是一部"封闭式"的文本,它尝试对柏拉图的朋友与同时代人提出的大部分问题做出完备和规约式的回应。其中几乎所有的观点都相互关联,这使得该书简洁而连贯,但也意味着如果这幢哲学大厦里有一根支柱被质疑,整个系统都会崩塌。不过,首先来说,重要的问题在于书中讨论内容的情境,即雅典城邦自身。

谈话,纯粹的谈话,以及谈话的乐趣,才是对雅典人产生根本吸引力的东西。

雅典与完美的国家

我们知道雅典是个特殊的地方。世上再没有别的地方比它更能容忍自由开放的讨论了。雅典吸引了来自地中海各处的知识分子,其中很多出现在《理想国》里。这些城邦已经存在了多年,因此算不得新鲜事物。但是希腊殖民地仍然在各处建立起来,且有着不同形式的政府。这意味着关于一个"完美"社会的讨论在很大程度上是出于实际考虑,而不仅仅是学术训练。柏拉图探讨的大多数问题涉及个人与国家间的关系。这些问题在《理想国》里都得到了讨论。

是什么将整个城邦凝聚在一起,并给它带来稳定?

城邦**是**某种"自然"而不可避免的事物,还是可变的文化产物?

人类**是**合作者还是竞争者?

公民应该受到**什么样**的教育?

什么是知识?

人类善良**还是**邪恶?

人**是**平等的吗?

人**有**共同的文化吗?

法律**是**必需的吗?谁决定它们是必需的?

我们**为什么**必须得遵守法律?

当不同的人对事情发表不同看法时,会发生**什么**?

不同的人在社会中**扮演**不同的角色吗?

是每个人都有权决定事情将如何运作,还是**应该**让少数专家来告诉我们该做什么?

城邦**是**否拥有某种目标或目的?

城邦的存在究竟**是**好事还是坏事?

初步讨论

柏拉图再次促进性格与信念迥异的各类人群产生互动,从而让哲学焕发了生机。《理想国》一开始,每个人都试图给"正确举动"或"良好行为"下定义。克法洛斯,一个富裕的商人,天真地表示,有一种定义可能比较妥帖,那就是"偿还自身债务"。苏格拉底则轻易驳倒了他的观点。

举个例子,你不会将一把借来的剑还给一个精神错乱的疯子。这个例外证明,"偿还债务"并非"正确举动"的良好定义。

玻勒马霍斯有另一个看法。

帮助朋友,损害敌人。

苏格拉底驳斥了该观点,表明故意伤害一个人总是不对的。

像往常一样,苏格拉底的探询目标,并不是某些良好行为的例证,也不是人们怎样使用特定道德词汇的记述,而是正确举动的"本质"自身。

色拉叙马霍斯

克法洛斯与玻勒马霍斯都是业余哲学爱好者,对他们苏格拉底很容易应对。色拉叙马霍斯则是智者学派的职业哲人。他从卡尔西顿来到雅典,并以教授雄辩术为营生。对色拉叙马霍斯而言,所有道德与法律准则都是一种敲诈,由强者强加于轻信的弱者之上,这是对卡里克勒在《高尔吉亚篇》里所表达观点的进一步阐述。

在自然界里,弱者总由强者支配。没有理由指望人类社会能够有所不同。

当不同的城邦在任何时段内有不同的掌权者时,便有不同的法律与道德规章。

许多同时代的雅典人都会同意他这个"强权即公理"的观点。米洛斯岛爱好和平的公民想要在雅典与斯巴达的战争中保持中立，并对雅典人提出的结盟要求表示抗议。他们拒绝参战。雅典人对"公正"可不感兴趣，因此屠杀了米洛斯岛所有的男性公民。色拉叙马霍斯的阐述结论，是提倡一种各顾私利的生活。

在不得已时，恪守各项社会法律。但是如果能够免于惩戒，那就不妨违背它。这样你会生活得更好。

糟糕的回应

柏拉图借苏格拉底之口，对色拉叙马霍斯进行反驳。不过他的论辩让人颇难以信服：一个强有力的政府可能会通过最终违背自身利益的法律，因此色拉叙马霍斯对"道德"的定义不成立。

一位医生为了患者的利益使用他的医术，一名统治者的治术也始终符合其臣民的利益。

不义之人并不会生活得更好。因为人类生命的设定目标，并非是要变得不道德。

不公导致不和，因为如果每个成员都遵循这些自私自利的建议，那么即使是一个骗子组成的群体也难以维系。

更好的论据

但任何政府在通过一项违背自身利益的法律后,都会迅速将其废止。有些富有医生的利他精神,比柏拉图所估计的还要少。(即使并非所有医生和政治家都像色拉叙马霍斯所说的那样,只受自身利益的驱动。)我们同样很难知晓的是,人类的"目标",究竟是合乎道德、不道德,还是无道德。

如其他智者一样,色拉叙马霍斯相信那种虚构的"原初"人类的存在。他认为这些人处于无道德、未经社会化的状态。

他虚构出这个故事,指出社会与城邦是一些人为的、不必要的限制,并把它强加于我们"天然"的自我之上。

这个观点既愤世嫉俗又浪漫。但真相也同样可能是:能够让人类成"人"的,其实恰好是因为他们具有内在的"社会性",因此也不可避免地具有"道德性"。

道德的意识形态观

色拉叙马霍斯的观点重新出现在后世的哲学里。比如德国哲学家**弗雷德里希·尼采**（1844—1900），他坚称政治与道德教条永远不可能是客观与公正的。

但也许柏拉图更明智，他坚称我们一直都是社会性的动物，因此总得在关于哪些行为可以接受哪些不可接受上取得一致。确立某种道德准则将在所难免。即使一个非常初级的社会里最穷的人也有一些他想要保护的财产。如果没有这些认同，人类社会根本无法运行，尽管富人和权贵们确实也经常因为这种安排而获益更多。

格劳孔与阿狄曼图

柏拉图的两个兄弟——阿狄曼图和格劳孔继续了关于"正确举动"的辩论。格劳孔对于人性非常悲观。想象一下,假如你拥有著名的裘格斯戒指,可以随意隐身,你会拿它来做什么?

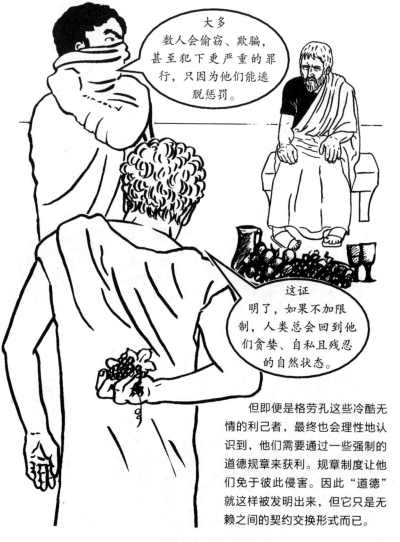

大多数人会偷窃、欺骗,甚至犯下更严重的罪行,只因为他们能逃脱惩罚。

这证明了,如果不加限制,人类总会回到他们贪婪、自私且残忍的自然状态。

但即便是格劳孔这些冷酷无情的利己者,最终也会理性地认识到,他们需要通过一些强制的道德规章来获利。规章制度让他们免于彼此侵害。因此"道德"就这样被发明出来,但它只是无赖之间的契约交换形式而已。

心理利己主义者

格劳孔对于人性令人沮丧的观点有时被称为"心理利己主义"。

人类像掠食的猛兽一样既残忍又冷酷。因此道德仅仅是一种权宜之计。

我的兄弟阿狄曼图同意这种分析,并且支持色拉叙马霍斯的结论。

最好是"做坏事而不被人发现"。

因此,"契约理论"提供了一种对道德的"自然主义"的解释。伦理仅仅是一种权宜变通的人类习俗。

道德的社会契约论

这种对人性与伦理的怀疑态度吸引了另外数位哲学家,特别是英国人**托马斯·霍布斯**(1588—1679)。他运用这一观点解释到,我们之所以需要强有力的威权政府,正是为了**实施**这些通过契约形式而获得认同的道德准则。

没有政府管辖的生活很快沦为"糟糕、野蛮、短暂"的。喜欢强势政府的人,通常会对人性持有悲观看法,这一点并不令人惊讶。

但这是真的吗?

柏拉图的做法或许很明智,他没有费心去反驳这些悲观论调,而是着手提出自己关于人性、社会、伦理与政治的独特理论。心理利己主义者对于所有人类行为的解释,通常都容易自证自信,而且难以驳斥。

对于社会、道德与政府的契约解释,同样也建立在这种荒诞不经的故事的基础上:独立的个人在社会化来临之前四处漫游并相遇,然后彼此商谈"契约"。

柏拉图的认识论

当《理想国》写到这里时，柏拉图允许各种各样意见不同而且常常具有颠覆性的哲学家表明各自的立场，其中不少听起来相当现代。但之后《理想国》基本蜕变成为一部独角戏，苏格拉底的同伴们颇为温顺地赞同他所说的每件事，那种生动辩论的场面就此结束。

不过，在我们继续探讨柏拉图的政治或伦理之前，我们很有必要充分理解他的知识论（即他的"认识论"），因为所有其他理论都源自这里。柏拉图的知识论是他成名的真正原因，尽管没人完全理解该理论，就连柏拉图自己最终对它也非常疑惑。

尽管如此，柏拉图所有的哲学理念，包括伦理、政治、教育和艺术理念在内的其他一切内容，几乎都以此为依托。

并且如我们所说，如果他的认识论被发现站不住脚，那么他哲学体系的其余部分都会崩塌。

什么是知识?

知识分为两种,一种是我们通过感官而获得的与世界有关的日常知识(通常也叫"经验知识")。柏拉图认为这种知识对普通人过日常生活很有用,但它不是真正的知识。像赫拉克利特、毕达哥拉斯,或许还有苏格拉底一样,柏拉图认为经验世界是种错觉,一层把真理从我们眼前遮开的面纱。

日常世界充满了看起来不同的事物,它们内在属性并不稳定,并且总是在变化的过程中。

不同的人体验这个表面世界的方式也不同,对它的特质也有不同的观点。

它的大小、重量、魅力,等等。

这意味着他们对这个世界只能有"看法",而非知识。这个感官世界不可能有永恒可靠的知识。环绕在我们所有人生活周围的,是各种虚影、梦幻、映像,以及某种更优质事物的低等摹本。

共相与殊相

我们周围的世界满是"殊相"——一件事物单独例证：长颈鹿、铅笔、民主政权、朋友、红色的门、桌子。所有这些东西也是"偶然"的 —— 它们只能存在于特定的时间和地点。为了理解这个充满成千上万不同殊相的世界，我们明智地把它们分门别类，这样世界变得更简单，而我们可以更好地了解它。

我们并不总是很清楚这些种类是自然存在的，还是人类根据自身归纳而建立的便利的分类系统。

偶尔会突然出现一些东西，它们并不"契合"于我们假定自然存在的任何分类方法。比如扁喙的鸭嘴兽，或者产卵的哺乳动物。

当我们在字典里查找任一词语，譬如"长颈鹿"或者"铅笔"时，我们得到这些**共相**或者类别定义。字典根据所有长颈鹿的共性而提供定义，它不会向我们提及伦敦动物园里一只名叫"雷蒙德"的特定的长颈鹿。

范式与摹本

世界充满了一只只具体的长颈鹿,它们"归属"于"长颈鹿"这一共相或类别。共相到底是什么,这是多数人予以理性回避的诸多困惑之一,但它一直困扰着哲学家们。柏拉图是第一位意识到共相这个定义存在问题的哲学家。

我这样解释共相:我们所见到的个体长颈鹿,比如雷蒙德,必然是完美且永恒的"共相长颈鹿"的一个低等摹本。

这就是为何当我们见到长颈鹿的个例时,我们能知道那些长脖子的动物是什么。至于这个"完美的长颈鹿"究竟怎样存在,它具有哪种实在性,谁又能切实体验到它,柏拉图试图提供相关答案,却总是不太成功。他提出一个"二元"的认识论体系——**完美的理念**与**不完美的摹本**。

令人费解的理念世界

这个完美**范式**或蓝图的世界通常被称为柏拉图的"理念"（Form）世界，或是更令人困惑的"观念"（Ideas）世界。柏拉图对此给出了不同且常常自相矛盾的解释，他似乎一直也没能完全解决该问题。他的理念是永恒不变的，是我们这个平凡世界里低等殊相之上的完美典范。

理念独立于人类和特定物体而存在，只有少数具有天赋且训练有素的个人才能将它们"回忆"起来。

当这些专家找到并且理解理念后，他们就成为所有事物的绝对可靠的权威。

同时，理念还按照某种结构划分到不同的层级。"椅子"的理念相对而言比较琐碎与低级，而"公正社会"的理念则非常重要，并接近最高的层级。这种认识论奇怪又令人困惑，它经常显得神秘莫测，让人难以直接领会。

柏拉图为什么需要理念

我们知道，赫拉克利特关于恒久运动、不可靠的物质世界之设想，是怎样深刻地影响到众多的希腊哲学家。怀疑论者的观点是针对这派哲学的诸多回应之一，他们的结论是知识无法产生。柏拉图的解决办法，是提出**另一个**世界的存在，它由不变的理念组成，**那里**才是真正知识的容纳之所。

赫拉克利特支持这样的观点：在经验世界里寻找知识毫无意义。

而毕达哥拉斯则证明数学知识存在于这个物质世界之外。

你可以通过在沙子里画圆来得到圆的一个低等摹本，但"圆"本身是个只能通过大脑设想出的理想化概念。你能买 6 个鸡蛋，但是除了在脑海中，你无法找到数字"6"。

几何图形和数字都是纯粹、永恒和不可朽坏的,并且从来不会让人失望。二加二等于四,永远如此。

许多希腊知识分子认为,学习数学是一种几近于道德教育的活动。

因为通过数字你正在逐步接近最终的"真实"。

数学令柏拉图着迷,他认为如果所有的知识要想永恒,并因此"算作"真实知识的话,都必须得与数学近似。

暂时的离题话

当然,所有知识到底是不是必须得像数学一样,存在很大争议。柏拉图似乎从未对事物如何发生变化的知识感兴趣,并且似乎把"知识"与"永恒"混为一谈。现代科学家并不赞同他对经验观察的蔑视。

> 以数学方式对宇宙进行的各种解释,先是被赋予了"模型"的地位。

> 直到人们比照自然来评估这些模型,其评估方式通常是一些高度精妙的实验。

数学还可以指明路径,以便开展更加新颖的、不同类型的经验研究。这两种知识的区别不在于程度方面,而是在于其类型差异。数学并非"更好",而是"不同"。

苏格拉底的定义

我们已经看到,苏格拉底在大半生时间里都是通过提问来确立概念定义,但并没有成功。当他问到"什么是勇气"时,他并不想列举一堆例证,而是想得到"勇气本身"的定义。他设想的是,只要他认识到勇气究竟是什么,就能始终明白如何将这个概念应用到任何环境范围内的特定个体身上。

对于定义的重要性,柏拉图似乎也持同样观点。

找出这类定义的方法之一,是询问不同事物之间有什么共同点。

他认为,如果你照这样去做了,就很可能发现它们的"基础本质"。

一把好刀、一个好士兵、一只好狗都有共同之处;因此,通过仔细观察这些不同的例子,应该就可以发现"善本身"是什么。之后你就能得到"善"这个词的合乎情理的、可行的定义,但更重要的是,你将拥有对"善本身"的真知灼见。

词语、观念与事物

苏格拉底究竟是在讨论词语、观念还是事物,他在这方面往往语焉不详。(希腊语里缺少标点符号,这很可能让事情变得更加复杂。)围绕某些词语而形成可行定义,经常还有可能,但事物的"真实定义"却往往难以形成。

定义与理念

最终,苏格拉底似乎放弃了寻找绝对定义,尽管他一直认为它们以某种方式存在着。他想要恢复语言的稳定性,这样哲学辩论才有意义。

柏拉图在他的著作,比如《斐多篇》和《美诺篇》里,艰难地迈向了一种崭新的学说,并以此结束了自己追寻终极定义的远征。

理念与殊相

柏拉图解释如何有可能找到完美定义。他在展示美感的各种俗世殊相与作为"美本身"的理念之间,做了明确区分。因为这才是我们想要了解的东西。

"美本身"独立外在于美丽的事物。那些美丽事物之所以让我们觉得"美丽",是因为我们的内心对美的"理念"具有某种模糊理解。

理念与殊相的关系

柏拉图试图解释理念与殊相之间复杂的关系,但一直没有成功地给出令人满意的答案。他的理论随着时间的推移发生了改变,经常前后不一。有时柏拉图提出理念由个体殊相"共享",有时他又说殊相"模仿"理念。

关于理念的知识,只能通过智性的某种探寻过程而获得。柏拉图将它比喻为运用某种"内在眼光"来"观看"的神秘过程。

我们生来都具备理念的知识，因为我们在前世就已经接触过它们了。这就可以解释，我们为什么能够将自身感官提供的所有信息予以解释。

我们认得雷蒙德是一只特定的长颈鹿，因为他是我们已经"认识"的"长颈鹿"理念的摹本。

这就是运用柏拉图理论来解释事物之为事物的方式。

美丽事物之所以美丽，是因为它们涉及美的理念。我们认出黄色的物体，因为它们都涉及完美的黄色这个理念。如此等等。这种说法你越多解释，就越发显得怪异。但对公元前5世纪的许多希腊人来说，它却很有道理。其中主要原因在于，他们在思考与交流时使用的就是这种语言。

语言决定论

希腊语生动、富于诗意而又灵活。然而它的结构方式,却几乎不可避免地导致柏拉图创建了他的唯心主义理论。希腊语里的抽象名词,例如"美",它的构造形式是"美—物"(**tò kalón**)。这让你不得不去想"美"确实是以某种形式而"实存"的。希腊语动词"知道"总是要附带直接宾语。因此柏拉图会说:"我知道美诺,他富有。"

这会促使你想到,知道某物,跟知道某个人的过程相似。

……哲学家们称之为"亲知知识"。

对柏拉图而言,获取知识与会见某人、某物或者发展关系一样。所以,如果你知道"美本身"这个概念,那么就算"遇见"过它了。希腊单词里的"真"(aletheia)与"实"是同一个词。所以某物只要为真,也必然实存。

"词语"与"名字"是同一个单词(onoma)。

因此用来表示"美"的"词",同样也是它的"名",这就意味着"美"是实存之物。

如果柏拉图用来思考的词语是这种运作模式,那么难怪他会相信,共相仿佛就像宏大而高级的、幽灵般的殊相。

都是希腊语 [1]

并非所有人都承认用古希腊语从事哲学是一件别扭的事情。对于德国**哲学家马丁·海德格尔**（1889—1976）来说，希腊语是"存在最初的家园"，不仅是第一个，也是为其后所有哲学奠定基础的基本语言。如同希腊文一样，德语也在名词之前有着阳性、阴性、中性冠词，使得海德格尔可以"奇妙地"思考"虚无"（das Nichts）。

[1] It's all Greek 在英语俗语里的意思为"天书"。

除德语之外，希腊语是所有语言中最强大，也最具精神性的。

此外，希腊语并没有妨碍亚里士多德认识到柏拉图的"理念"有误。

语言可以影响你的思维，但并不能完全控制你的心智。

没有一门语言能够逃脱自身的"魔力"。

和海德格尔一样，**路德维希·维特根斯坦**（1889—1951）也用德语思考与写作，但他却有着非常不同的目的——与语言的"陷阱"和"魅惑"进行较量。

完美的知识：完美的国家

柏拉图非常想要一个无懈可击的哲学系统，该系统可以永远抵御智者学派的不确定论，以及他们那些具有毁坏力的道德与政治怀疑论。通过发明这种"无可辩驳"的认识论，他认为能够为自己的理想国搭建起牢固的道德与政治架构。

了解到这种完美知识的人，他们将成为名正言顺的统治者。

柏拉图似乎总觉得追求完美更胜于生活本身。他像毕达哥拉斯一样，认为自己整饬有序的解释模式既已体现出环环相扣的对称性，就必然符合真理。

整饬的答案

因为理念给许多各种各样的哲学问题提供了整饬的答案,它们必须得是可信的。

种种理念解释了什么是有别于"看法"(或经验知识)的"真实知识",以及它为何只能通过心智而获得。

它们解释事物的本性。红色的东西之所以是红色,是因为"红"的理念(以较为神秘的方式)使然。

它们解释我们如何能够在世上运用笼统的词语,比如"大""红色"。

它们解释什么是真实的。

它们解释我们如何进行各种价值判断。(当我们看见一张"好床"时,能认识到它的好,是因为它与"床"的理念相接近。)

但理念不仅仅是一份神秘的消费指南。它们还提供道德与政治准则,使得少数有天赋的专家能够将雅典从一切道德与政治的含混状态中解脱出来,从而使其得以永久延续。

对理念论的批判

柏拉图自己最终意识到他的理论有几处问题,并在《巴曼尼德篇》中提了出来,这使得一些学者认为柏拉图最后完全放弃了他的理念论。问题集中在理念与殊相的令人费解的关系上。

如果殊相与理念"相似",如果殊相是对理念的"模仿",那么这两者必然都具备"某种共性"。这种共性,随后又很可能通过另一个理念而体现出来。

如果这一"共性"理念与其他两个理念也存在"某种共性",那么另一种理念也会冒出来。

无限进行下去……

哲学家们把这种"第三人论证"称为"无穷后退"。它并不表明理念论是错误的,但却指出了这个理论的某种不匹配之处。理念论是错误的,但它可以指出其中有些东西非常奇怪。

更多问题

柏拉图还意识到,如果殊相以某种方式"共享"理念,那么它们可能都具有理念的一**部分**。这意味理念既是"唯一的",也有"很多"个,但这不怎么符合逻辑。同时,柏拉图也不确定人造的物品是否也有理念。

如果理念是永恒不变的,那么还没被发明的东西也得有理念……

比如会说话的吸尘器、会飞的汽车,这听起来真奇怪。

并且如果世上所有的殊相都是理念的摹本,那么想来那些恶心的与令人讨厌的殊相,比如灰尘与头屑、霍乱与战争,也得有理念。因此,理念不可能总是毫无瑕疵的完美样式**与共相**。

后果

理念论在事物、想法、观念以及词语之间造成了极度的混乱。主要问题出在理念的**本体论**（或者"实在性"）上——柏拉图在提到理念的时候，似乎它们只是较为特殊、无形的殊相，并存在于某个不确定的地方以及人类心思里。这导致了各种奇怪的问题。

椅子的理念看上去什么样？

"美"的理念自身美丽吗？

柏拉图还声称只有理念才是"真实"的，而殊相则因为某种原因"不那么真实"，仿佛真实性是属于程度多寡的问题。**路易斯·卡罗尔**（1832—1898）用他的柴郡猫对这一观念加以调侃：这只猫的形体逐渐消逝，并游离于真实、半真实与不存在的状态之间。

真实与确定的知识

柏拉图设想知识只有少数专家才能掌握,因为他相信"知道"和"遇见"实质上相同。接着他坚持认为,真实的知识必然是某种个人化的、神秘的邂逅。

如今我们非常怀疑该主张的正确性。我们倾向于认为知识**必然**是能够传播的，可以被储存在图书馆或光盘里，使所有人都可以得到，并且可以在不同的群体里分享。

我们现在认为知识是比较暂时的东西——它是可以改变的，而我们对于我们自以为知道的东西不再那么绝对确定。

什么是共相?

柏拉图的高徒亚里士多德认为共相是"真实"的,但不独立存在于殊相。其他人,比如英国的经验主义哲学家们,则坚称共相是我们头脑里的某种意象,我们要通过抽象思维的过程才能获得它。我们见过许多树,所以把它们归纳为一幅"树"的意象,使得我们可以恰当地使用"树"这个笼统的名词。但一棵"脑海里的树"究竟长什么样,成了哲学家**约翰·洛克**(1632 — 1704)面前的一大难题。

"一棵冷杉?
一棵橡树?
一棵枫树"

如果你像柏拉图一样,将思维活动设想成察看头脑内部意象的过程,这些问题自然就会出现。

"唯名论者"的说法似乎更为合理，因为他们声称共相仅仅是词语，这就意味着，树与树之间唯一的共性，在于我们自己将"树"这个笼统名称用到它们身上。但这样也就意味着，在世界本质与我们的语言活动之间，根本就没有任何对应，而只是某种巧合。这一点让人比较难以接受。

> 也许我们对共相的知识仅仅是知道如何使用笼统的名称。

> 或者，如何在不同的事物中认出"家族相似性"。

维特根斯坦表明，我们对于定义概括的"渴望"永远无法得到彻底满足。此外这种"渴望"也有害无利。但如果认为"共相的问题"已经得到解释，那就错了。柏拉图提出的哲学问题仍在产生争辩与讨论，并且仍然尚未完全得到"解决"。

柏拉图的政治哲学

政治哲学的一项关注重点是个人与国家之间不稳定的关系。"自由主义"的看法是,国家只是为了满足单独、自由的个体需求而存在。这也是色拉叙马霍斯这些智者学派成员的看法。柏拉图的"社群主义"观念强调个人的社会性。我们是群体的一员,此乃我们成为人的首要因素。

个人只能作为社会成员而存在。他们不可避免地要参与到特定的社交、经济与政治等社会活动中。

因此,评价一个人首先要看他们对国家的贡献。柏拉图等一些激进的社群主义者强调和谐的集体生活的优先地位,即使这一目标只能以个体自由为代价才能实现。

类比论证

这解释了为什么柏拉图首先这样阐释什么是"正确的行为":正如我们看字母时更容易认出大号字母一样,通过先考察社会来理解个体更容易。他的这个类比暗指城邦就像一个非常巨大的个人。柏拉图很喜欢这种令人生疑的"类比论证",哲学家们称其为"归置合并"。

社会如何起源

柏拉图首先得解释清楚,诸多个体究竟怎样形成国家这种复杂的事物。他提出,最初的人类过着无忧无虑的"自然"生活,只有个别基本且极易满足的需求。那时人群的内在秩序没有问题,因而也不需要政府。不幸的是,人很快就对奢华的生活产生了兴趣。

他们会想要沙发、桌子与其他家具,以及各种佳肴、香水、应召女郎与糕点。

劳动分工

这些需求只能由"劳动分工"或者更多的专家来满足,而这些专家自己的需求则只能通过更加复杂的社会来满足。人们的日常饮食也会改变。除了面包和酒之外,他们还会要求有肉食。

对饲养牲畜的需求意味着原来足够养活我们的土地现在太小了。

更多的土地只能通过战争获得,而凭借职业军人则更容易打赢战争。

教育理想国的士兵

柏拉图非常清楚维持一支职业化常备军的内在危险。这些"看家护院"者会很容易让自己成为统治者。柏拉图的解决方案是对所有士兵进行公民责任教育。

国家必须控制所有教育。

教育不能再交付给个体家庭或游说四方的智者。

柏拉图在《理想国》里列出的教学大纲是以斯巴达的方法为基础。斯巴达培养出了一支屡战屡胜的军队，并且形成了一个稳定且高效的社会。

传统的雅典教育是建立在研习希腊神话的基础上,而柏拉图构想的新型军事与统治阶层受训者,则会忽略希腊诸神的那些不道德传说。

这种生活听起来严格而又枯燥,但这样的教育非常重要。如果你要给予少数个人绝对的政治权力,那么他们必须为城邦福祉做无私奉献。

四种金属的神话

柏拉图的《理想国》通篇都在强调社会生活的每个角落对专家的需求——制鞋、医药、航海及其他各种技能。他相信统治也是一种技能，可以传授给少数有天分的、自律且具有学习才能的个人。这些个人将从军队中选出，并被提拔到被称为"护卫者"的阶级。

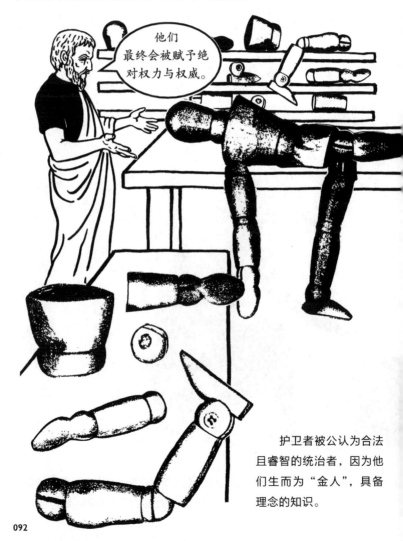

他们最终会被赋予绝对权力与权威。

护卫者被公认为合法且睿智的统治者，因为他们生而为"金人"，具备理念的知识。

理想国所有的公民都必须从很小就进行社会化,以便将理想国的状况视为自然常态。

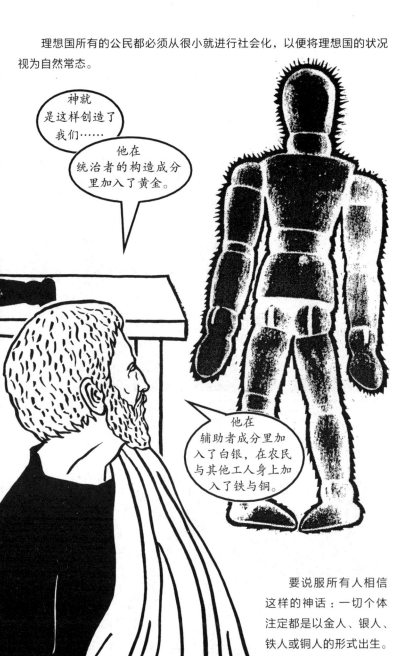

要说服所有人相信这样的神话:一切个体注定都是以金人、银人、铁人或铜人的形式出生。

洞穴神话

接下来,在他著名的**囚徒与洞穴**寓言里,柏拉图解释了如何教育理想国的护卫者们懂得理念。很久以前,有些囚徒生来就被锁链拴在一个洞穴里。他们面前的唯一真实之物是火堆照耀下的物体投射在墙上的影子。一个囚徒设法挣脱,他转过身来,就明白了当前的状况。

他最终缓慢费力地走出黑暗洞穴,进入到白昼光芒里。他看见了真实的世界,并且终于见到了太阳本身,所有白昼光线的来源。他带着好消息回到洞穴,然而他的狱友们非但不相信他,而且还在他坚持复述自己的洞外经历时,威胁要对他施以暴力。

这意味着什么?

人类就像囚徒一样。当他们观察物质世界时,他们看到的只是令人误入歧途的幻影与摹本的显现。少数人"逃脱"了这种天真的观念,是因为他们凭借了自己纯粹的数学与几何学知识。

他们知道真正的知识来自思考,而不是观看表象。

完美的理念只能在脑海中"看见",因为它们被"善本身"这一根本理念所照耀,这理念就像太阳一样光辉熠熠。

这就是为什么数学知识是一切道德与政治智慧的根本前提。

他们的任务在于进入政治的现实世界,运用他们的特殊知识帮助国家。因此,由于两种知识的存在,必然存在着两种人,其中一种注定要被另一种统治。

和谐的蜂巢与灵魂

柏拉图的乌托邦理想国是个按等级划分的金字塔。少数金人（或者"逃脱的囚徒"）将成为绝对可靠的护卫——统治者。银人将成为士兵与公务员。大多数则是铁人和铜人——他们创造财富。这个和谐的蜂巢回响着愉快的嗡嗡声，因为所有人都知道自己所处的位置，不加质疑地完成分配给自己的工作。这个一分为三的社会也很"自然"，因为它与人类灵魂的结构相呼应。

灵魂由理性、激情与欲望组成。

这些特质，分别以不同程度体现在极其理性的黄金"护卫者"、精神抖擞的白银"辅助者"，以及受口腹之欲驱使的铁人与铜人工匠身上。一个被贪婪所控制的人就好像一个由下层阶级支配的国家。一个勇敢但无知的人好比一个原始武士的社会。而完美的人与完美的国家则都由知识与理性统治。"公正"（或者说正确的行为）对于城邦与个人来说是一回事。柏拉图似乎坚信，如果诸般观念都毫无例外、连贯一致地契合这些模式，那么它们必然真实不虚。

弥天大谎

到第二代时,所有人都将相信这个等级制度的神话是自然的且不可避免。柏拉图相当满意地承认,他的等级制社会必须得建立在一个谎言之上。

许多世纪之后出现的"意识形态"一词,用来解释这个谎言如何在现实中运作。

所有政治与经济权力总是披着"自然天成"的外衣,因而得以被接受。

意识形态

马克思主义哲学家安东尼奥·葛兰西(1891—1937)更进了一步。

公民经过社会化,就会接受这种"统辖支配"与"自然形成"的权力。在他们看来,这种权力就像是他们自身共识的产物。

柏拉图在把这个"弥天大谎"强加给全体公民时,似乎并没有任何道德上的不安。不过他也忘记说明,究竟有没有始终知晓这个谎言本来面貌的"内情人士"。

护卫者的离奇生活

柏拉图立即意识到教育在政治上的重要性。他的"黄金"护卫者教导未来的护卫者,以保证完美的理想国永远不会被改变。每个护卫者的生活都受到严格控制。

柏拉图赞同斯巴达的优生学。这意味着在"繁育节日"期间,总是会安排抽签活动来分配性伴侣,并且还要确保只有健康的样本级人选才能获得繁衍机会。"有缺陷的后代"则会被"悄无声息地处理掉"。

柏拉图的护卫者不得有个性或者个人自由。他们的生活受到严格规范，近似于隐修，属于集体化、不带个性色彩、沉闷而备受尊敬的那种类型。然而他们却拥有绝对的权力。

护卫者是摒弃个人欲念的、以僧侣形式存在的政治专家的种姓阶层。他们的话语即是法律。柏拉图显然相信，只要时间充足，无论是怎样古怪的政治与社会安排，最终都可以获得认可，并被视为"理所当然"。在他看来，人性的可塑性极高，所以完全有可能培养出这样一批护卫者：女性成员在需要遗弃自己的新生儿女时，将不会表示任何悔恨；而男性成员也绝不会接受贿赂。

护卫者与理念

护卫者的绝对统治将采取官僚制度。任何"法治"形式都不会存在。每一个个体公民和每一种情景都会由护卫者根据他们绝对可靠的理念知识进行裁决。民主将变得毫无意义。因为众望所归未必就意味着真知灼见。

当那个逃脱的囚徒终于见到黑暗洞穴外的世界时,他是从无道德的黑暗状态进入了太阳的道德光芒之中,而太阳就是"善"或"善本身"的象征。

正如太阳使万物得以生长、给予我们光明……

……善使得理念得以存在,并让护卫者可以看见它们。

正如我们需要用肉眼去看，护卫者们也有特殊的"内在眼光"（或者"理性"），通过它去"看见"理念。

但是到了这里，我们似乎已经把哲学抛在了身后，而进入到了政治神秘主义的领域。

道德绝对主义

苏格拉底坚持认为道德是一种特殊的知识,人一旦了解后,就永远会选择它。柏拉图似乎同意这个观点,但他辩称,这种知识必然只局限于护卫者这些专家范围内,只有他们能够始终知晓所有道德问题的"正确"答案。

因为他们能够受教于"至善"这一最为崇高的理念,所以他们将会是绝对可靠的道德权威,所有的银人、铜人和铁人都要服从于他们。

没有艺术的位置

我们对苏格拉底之前的智者学派哲学家知之甚少,这点必须要强调。然而我们的确又知晓那么几位,这都是源于柏拉图赐予他们的"恶名"。有一点似乎很清楚:他们捍卫艺术,而艺术则通过使用各种"花招",加上它游移不定的本质,导致人们对确定的实在性产生疑惑。我们可以猜到,柏拉图不赞成任何艺术,无论是文学还是视觉艺术。他问道:"什么是艺术?"当一位画家画一朵花时,他在做什么?

艺术家像是有灵感但撒谎的疯子,柏拉图的乌托邦理想国将他们驱逐出去。不过,经过官方批准的"国家艺术"仍然会获许存在。

艺术的现状

柏拉图关于艺术的结论令人不寒而栗。我们可以把这些结论内容解读为冷峻的预警,它警示我们将在 20 世纪看到"官办"艺术带来的种种后果。希特勒时期德国的纳粹教条艺术、斯大林时代苏联的"社会主义现实主义"——难道这些都是柏拉图的想法有朝一日应用于现实之后果的例证吗?

悖论

然而，不知是由于某种诡异的悖论，或是出于一种根本的误解，柏拉图一直以来都是艺术家们钟意的哲学家。尤其是经过意大利文艺复兴时期采取的"新柏拉图主义"理论解读过后，柏拉图更是备受青睐。柏拉图谴责并放逐艺术，却作为美学的第一位真正奠基者而受到尊崇。这怎么能说得通？新柏拉图主义者能够提供的最简明答案，可能就是文艺复兴时期的雕塑家、画家与建筑家**米开朗基罗·博那罗蒂**（1475—1564）的回应。

艺术的摹仿对象，并不是"完美理念的摹本"。

它是将潜藏在沉默物质里的完美理念释放出来。

批评

柏拉图似乎笃信某种"道德几何学",认为它跟数学一样,将会被证明为确切而无可争议的理论。它可以给国家提供彻底的安全与稳定。

但我们多数人现在认为,道德宣告或道德常规,更像是一些有用的概括总结。撒谎和盗窃**通常**是不对的,但并**不总是**这样(正如苏格拉底自己指出的)。行为道德准则怎样才能够成为知识领域的分支学科,并且显示为真,也并不是很清楚。究竟哪一类证据或例证能够**证明**某条道德常规的真理性,例如"偷窃是错误的"?

国家舰船

在《理想国》里,柏拉图通过另外两个寓言说明为什么民主制是一种糟糕的政体。其中最著名的是"国家舰船"的故事:很久以前,一队船员哗变后掌控船只,并决定到各地随意游览。他们经常发生争吵,他们追随的领袖虽颇具说服力,但却是个蠢材。

这则寓言清楚地指出为什么民主体制的政府总会伴随着愚蠢与灾难。

民主政府只能看到短期情况，因此漫无方向。

野兽

柏拉图还认为,民主制政治家要是想假装睿智,并且假装独立思考,是很容易的事,哪怕他们实际上只是无所顾忌的民粹主义者。他们就像冒牌的驯兽师,假装在向一只未驯服的野兽发出种种指令。

民主政治家只不过是他们假装进行统治的那些人的奴隶,而普通民众则反复无常、暴力且残忍。

但这样的寓言并不是真的证据。社会并不是一条船，统治者不是领航员，而人民也不是野兽。一条船有明确的目的地，而社会则显然没有。我们怎么能够知道一个社会的目的地是哪里呢？

船员同意在航行途中服从命令。

但组成社会的公民更像是船主，而非船员。

这意味着我们对船的航线与速度应该更有发言权。

的确，雅典舵手凭借他们的星象知识，以及在地中海水域的航行技术而闻名于世。但如果理念并不存在，那么护卫者究竟怎样为国家"领航"，则是完全不清楚的事情。

柏拉图与人民

柏拉图的政治哲学是非常清晰的。他相信一种由少数博学者对多数人所实施的绝对而温和的独裁体制。护卫者因为知晓"完美国家"的理念而成为合法的统治者。普通人必须放弃政治权利与自由,以换取和谐的秩序与稳定。

因此,柏拉图强烈反对任何形式的民主,他通常将其与腐败和暴力联系在一起。

普通民众将苏格拉底处以极刑,为此我一直没有原谅他们。

柏拉图厌恶普通民众,因为他们在他看来无知、易于操纵并且容易受到煽动而产生暴民式的怨怒。

不过如果他们是无知的,那么教育他们很可能要好过鄙视他们。

维多利亚时期的自由主义哲学家约翰·斯图亚特·密尔(1806—1873)指出了民主制与言论自由的教育意义。

他也许有些乐观地论证到,如果允许独立的个人参加政治讨论与争辩,他们自然会变得更有见地,并且比一味服从的"臣民"更有智慧。如果有成百种不同的政治观点获得表达,那么其中最明智、最务实的观点将在论辩过程中得以保全,而那些愚蠢或有害的想法将会削弱。

从近期的历史来看，还没有出现任何决定性的证据来证明柏拉图和密尔孰对孰错。

反乌托邦主义

柏拉图在《理想国》里写到，如果事情要想变得更好的话，理想与标准是必需的。**卡尔·波普尔**（1902—1994）在《开放社会及其敌人》中，对柏拉图政治哲学里的乌托邦主义加以抨击，因为其对民主自由的"开放社会"形成了威胁。

《理想国》是柏拉图完美社会的蓝图。

但我们无法道出一个"完美"社会将是什么样的。

如果你想要创造一个，那些骇人听闻的过错就在所难免。

社会总是不完美的且不断演变的。它们由永远都不完美的人类组成，也没有明确的"最终目的地"。

柏拉图等乌托邦主义者经常提到"全新的开始"以及"推倒重来",暗示只有当现存社会被摧毁后,"新耶路撒冷"才能建立。

为了某个遥远的"理想"而进行的破坏往往造成普通民众的痛苦与贫困。

乌托邦主义空想家对普通民众的惰性与不完美感到疑惑,于是凭借着冷酷的意志将自己的梦想强加给他人。

他们相信自己的对手不是邪恶,就是愚蠢!

历史显示,暴力所催生的社会通常会比被它们取代的社会更加压迫和不公。柏拉图似乎相信,他的规划如此令人信服,因而人们会毫无异议地予以接受。

什么是"正确"的政府?

在过于严厉地批判柏拉图之前,我们应当记住,2000年以来,他所幻想的理想国形式,始终有助于我们从政治角度对终极至善的政府进行思考。《理想国》以分析不同类型的政体结束。**荣誉政体**的政府(推崇财产或"价值"),比如说斯巴达政府,对军事荣誉颇为痴迷。

这说明柏拉图可能不会赞成当今西方资本主义的不公平与肆意妄为。

由于暴民并不充分具备自我统治的智慧或良善品质，民主政府也会被误导，并且趋于不稳定。民主体制还过度容忍看法不一的观点——这一弱点导致了不确定性与政治混乱。

之后，给予某个暴君的绝对权力，总是会导致病态的肆意妄为。如果没有法律，独裁者可以把他们屠戮人类的最黑暗的幻想变成现实。他们变得不再理智或者不再具有人性，因而也没有人是安全的。

《法律篇》

部分程度上缘于对暴政的畏惧，柏拉图认识到了法治的重要性，尽管他早年曾经鼓吹绝对可靠的"护卫者"的独裁专政。他最终意识到，没有人可以在任何时候置身于法律之上——尤其是大权在握的统治者。人类的弱点导致他们很容易受到各种诱惑。

柏拉图在垂垂老矣之时，写下了他的最后一部著作——《法律篇》。这部作品冗长、重复，而且常常很沉闷。但这是柏拉图创造一个完美社会样板的最后尝试。

柏拉图的第二理想国

柏拉图的第二个理想国——他的"马格尼西亚"城邦——与世隔绝且自给自足。它由 5040 个经过优生挑选的拥有土地的公民组成,有人数更多的工人(这些人没有政治权利)来为他们提供服务。

这些挑选出来的公民由 37 名护卫者依法管理,另外还设立 12 位监察官,以便杜绝腐败。

《法律篇》中描述的个体公民的政治生活看上去确实更为自由和公正。更多人对事情如何运作有发言权,而法制也保障他们的自由。

神权国家

不幸的是,在这个新型改良版的马格尼西亚理想国里,个体公民的生活却并不是很吸引人。它的"法律"永恒不变,且不容协商。

城邦管理者是"夜间委员会",这个名称颇有些不祥之兆的意味。委员会成员是"那些知情者",他们对神圣(因此也涵盖世俗)的法律进行诠释。

　　异议者会被处以最高时限为五年的单独监禁,并且接受教育改造。如果教育仍然无效,最终将处以极刑。
相比之下,早年那个金、银、铁组成的和谐蜂巢几乎算是颇具吸引力的了。

柏拉图会如何处置苏格拉底?

与柏拉图同时代的雅典人认为,所有公民在公开场合都应该对公共典礼与宗教仪式表示尊奉。但他们通常允许个人在私下持有自己的宗教观念。他们当中许多人可能都会反对柏拉图的绝对主义及不自由的神权统治。苏格拉底即使经过五年单独监禁和强制教育,也极不可能改变主意,并接受这种宗教与政治上的不宽容。

《法律篇》以令人失望的方式，结束了这一系列的哲学著述。尽管这个系列起初还完全致力于推行苏格拉底本人的自由言论与思想。

然而我们从身处的这个世纪里可以看到明显例证：根据完美法律的指令而实现完美社会的梦想，只有通过噩梦般的压迫方式才能完成。

幸好，柏拉图的哲学不仅限于讨论政治与权力，很大一部分还探讨其他问题。

《会饮篇》

《会饮篇》大约与《理想国》同时期成书。"会饮"是晚餐后的饮宴，通常包括各种游戏与娱乐，以及饶有见地的交谈。《会饮篇》中关于"爱情真谛"的讨论，发生在苏格拉底和几位著名的雅典人士之间，包括喜剧作家**阿里斯多芬**（约公元前 448—前 388）和政治流氓**阿尔喀比亚德**（约公元前 450—前 404）。阿里斯托得莫斯为我们叙述了这些对话。

同性恋与异性恋

他们所谈论的"爱"是同性间的爱情。对于大多数雅典男子而言,异性恋爱几乎接近于低级的繁殖冲动。大部分雅典女子在公共生活中几乎不扮演任何角色,而且还有各种家庭事务缠身。婚姻并不被认为是平等的结合。

那么，什么是爱情？

诙谐的剧作家阿里斯多芬有个更有趣的提议。他声称,所有人最初由三种性别组成——男性、女性以及雌雄同体。

作为一种惩罚,宙斯把每个人都割裂为单一性别。

所以爱情总是人对自己"失去的另一半"的寻找,无论是男是女。

爱情远不止是性欲上的满足——它是对失落的自身的寻找。

主人阿迦通认同爱情是一种渴望:它逐步接近某个尚未被占有的美好对象。

更纯粹的理念

有些出人意料的是,继续参与辩论的是一位叫第俄提玛的女子。她坚信爱情是感官与精神世界间的纽带。如果爱就是逐步接近美好事物者,而智慧又是美好的,那么爱就是人类灵魂在寻求理念之中真实智慧时的外在显现。

更高级、更尊贵的同性之爱将感官肉欲的世界抛在身后，但它并非"毫无生机"，因为它将"繁衍"出观念及新的发现，是文明自身的根基之一。

阿尔喀比亚德登场

恰好在这时候,醉醺醺且声名狼藉的阿尔喀比亚德加入进来,并将谈话引到更具人情味的层面上来。他嘲笑苏格拉底的纯洁与自律。

再后来,所有人要么终于困得睡着了,要么回家了。

当阿里斯托得莫斯（也就是向我们叙述以上谈话内容的人）醒来时，发现苏格拉底还在高谈阔论。

《蒂迈欧篇》

在这本书中,众人鼓励主讲人蒂迈欧讲述宇宙的起源,随后是克里底亚继续讲述某一时期的雅典人如何在女神雅典娜的护佑下打败并摧毁了传说中的城市亚特兰蒂斯,并建功立业的历史。

亚特兰蒂斯：失落之城的传说

　　克里底亚充满诗意地唤起人们对亚特兰蒂斯的想象，并让所有人为之陶醉。他对这座城市的描述，一直以来让许多幻想家们心驰神往。他们经常以各种可疑的但未经证实的方式，宣称它的"真实"所在地。

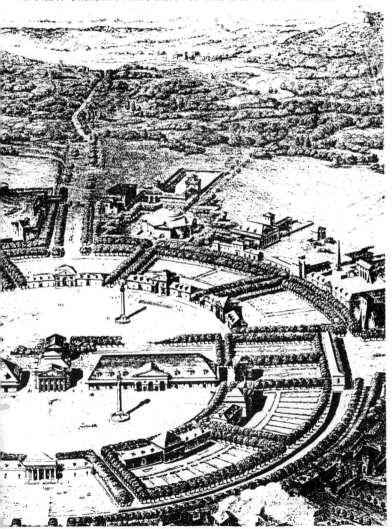

《蒂迈欧篇》中的宇宙天体学

不出意料,蒂迈欧是正统柏拉图主义的发言人。我们所能看见的物质世界只是处于"生成之中"的世界:它是"真实"理念世界的低劣摹本,而理念世界只有通过思考才能够把握。由于这个物质宇宙并不完美,那么它必然是某位"匠神"(demi-urge)或神圣的"手工艺人"创造而成;他将各种理念施加于散乱无序的物质。

柏拉图同意前苏格拉底哲学家**恩培多克勒**（约公元前490—前430）的观点，即水、火、土、气这四种元素的不同组合形成了万物。世上还有其他各种迥异的生物，而人类是其中最独特的，因为他们拥有不朽的灵魂。

每个灵魂都被对应分配了一颗星星——如果灵魂的所有者值得表彰，他将在死后回归那里。

不配表彰的灵魂将不幸返回到循环形式，并且等待下一次机会来尝试实现星空中的永生。如毕达哥拉斯一样，柏拉图似乎也赞成轮回或者转世的学说。

三角形-粒子理论

接着，蒂迈欧细致解释了不同类型的三角形如何以各种组合方式构成了四种不同元素。我们知道，柏拉图认同毕达哥拉斯学派的观点，即物质宇宙的终极本质是数学意义上的。他同样也清楚前苏格拉底学派的怀疑论者**德谟克利特**（公元前 460—前 370）的还原论。

柏拉图假定造物主会创造出数学上和谐的粒子物理学，于是他向我们展示了自己的一套理论，即极其微小的三角形的不同组合模式。

柏拉图与弦理论

不幸的是,宇宙并非由等腰三角形和不等边三角形组成,此外,元素有一百多种,而不止仅仅四种。因此,这种推测目前只有历史研究者会感兴趣。但即使柏拉图的物理学在具体细节上出现了错误,其中基本观念仍然合理。如果人类想要深入了解宇宙,那么数学与还原论方法似乎仍是最好的途径。我们现在对无限微小之"物"已有广泛了解。这些细微之"物"在构成我们宇宙的物质与能量形态之间游移不定。这种理解多半来自于数学,而不只是借助造价昂贵的粒子加速器而完成的实验。当前宇宙天体学与数学领域里的"思想实验"表明:我们生活在一个 11 维的非对称宇宙中。它不是由三角形构成,而是由许多极其微小的物体构成。这些物体像小提琴的琴弦一样震动,并散发出"音符"。而人类永远只能以能量或物质的方式来察知。这个完全数学意义上的"M 理论",从内在本质上似乎就无法测试,因为那些"琴弦"已经细微到不可思议的地步。如果要建一台实验机器来确立这个理论,那么这台机器就得像银河系一样大!

空间

《蒂迈欧篇》讨论了事物在成为"事物"之前的状态,其中不乏各种稀奇有趣的观念。柏拉图使用"空间"(chora)这一词汇,来命名一切尚未成型、归类与标识的所有未成形物质。因此,如果你像许多后现代主义者一样,相信我们对世界的经验总是通过各种语言范畴来审核与证伪,那么"空间"这个概念就很有用。符号学家与精神分析学家**茱莉亚·克莉斯蒂娃**(生于1941年)把它作为一个词汇而重新运用,以便描述所有能指所无法捕捉的经验……

比如说母亲和胎儿拥有共享身体空间的神秘体验。

通过挪用这个柏拉图的概念,她可以探寻语词与人类经验关系的本质。这一关系往往并不融洽,而且还容易产生误导。

《智者篇》：难题与困惑

《智者篇》是柏拉图构造分析哲学的主要尝试，在这本书里他对"存在"（being）的本质产生了疑惑。他审视了实在论与唯心主义立场的各种不足之处。"现存"或者"真实"的东西，应该不仅意味着"有形之物"。

《智者篇》是本艰深、复杂且意义不确定的书，这主要缘于柏拉图本人思想与语言表述上的困惑。书中先是询问"存在"是否等同于"有为"，继而开始处理许多更加技术性的哲学问题。

语言、思想与事物

《智者篇》打开了这一形而上困惑的蜂巢。困扰产生的主要原因,似乎出现在动词"是"(to be,注:这个动词还具备"有"和"存在"的意思)上面。柏拉图似乎认为,如果你说"X 是热的",那么你就以某种方式相信"X 存在"。这是他为什么认为理念必然是某种特殊存在的原因之一。

但"罗宾逊是个无政府主义者"里的"是",并未形成有关罗宾逊实存状态的任何断言。

它只是将他与无政府主义联系在一起(或是建立了两者间的谓述关系)。

无论如何,因为本书里提出的一些问题以及它所造成的语言困惑,对哲学家来说这是一本很有趣的书。哲学家常常把词语、观念与事物混为一谈。柏拉图式语言与哲学困惑的某些成因,直到近年来才得以澄清和理解。

《泰阿泰德篇》

与《智者篇》一样,《泰阿泰德篇》也是一本侧重技术层面的哲学书籍,在其中苏格拉底、泰阿泰德与其他哲学家争论不同的知识论。我们知道,柏拉图通常看不起我们通过感官获得的经验知识,因为它只是我们关于"摹本"的一种短暂而主观的知识。它聊胜于无知,但完全比不上"真实之物"。不过在这篇对话里,柏拉图审视了我们对物质世界的感知方式,并试图解释这种感知为何成为可能。他相信感知是一个双向的进程。

眼睛发出光,这让它能够感知一个物体表面的微粒所发出的光亮。

这个解释表明他坚信一种将感知视为能动过程的理论。我们的感官从世界接受"原始"数据,之后把它们转换为我们可以使用的信息。像许多后世的哲学家一样,柏拉图的看法是,我们对于世界的有限感知,可能迥异于它的实情。

感觉与知识

作为一名优秀的经验主义者,泰阿泰德争论道,人类感知最终必然是我们获取知识的唯一真实来源。苏格拉底驳斥该观点说,如果这是事实的话,那么所有感官错觉,比方说海市蜃楼,也都要归类为"知识"了。

> 此外你还得秉持那种不合逻辑的观点,即关于世界的每一样单独、主观的感受,都同样为真。

> 如果情况真是这样,那么,关于世间的事物,永远都不会形成任何可靠的知识,而只有一系列相互冲突的个体感觉经验。

苏格拉底合乎情理地指出,真正的知识与理解不仅仅是感官体验。赫拉克利特的世界永远在运动与变化之中。我们所观察到的一切,事实上是光影、纹理与形状的可变样式。

这就是为什么我们必须得用心智来解释我们之所见。

我们的感觉更像是复杂的"工具"或能力,而不仅仅是简单被动的接收器。

"有感觉"与"有智慧的认识"存在着很大区别。

感知理论

在《泰阿泰德篇》中,柏拉图看起来像是迈向了某种"表象实在论"甚至是"现象主义"的感知理论。(我们感知到的实际上是关于世界的内在思维形象,而不是外在世界本身。)但另一些时候,他似乎更像是个天真的实在论者。(我们感知到的即是世界本身。)

我们感知到一只红箱子的颜色,部分原因在于箱子的"成色"特性。

我们如何产生错误的想法？

但柏拉图终究还是一名"理性主义者"——一位相信最好、最永恒的知识只能通过心思来获得的哲学家。摆在理性哲学家面前的一个问题是：你怎么知道你的想法是真实的？经验主义者可以随意地对照世界来核实他们的观念；如果你不确定企鹅究竟下不下蛋，你可以再看一眼。

如果你是个理性主义者，你只能依赖于那些更让人不放心的观念，诸如思路清晰、审美和谐，以及逻辑连贯等。柏拉图担心，即使是最谨慎的哲学家也会犯严重的错误。

他的回答是，错误的看法通常是由记忆的变幻莫测造成的。我们的记忆就像一块蜡版，过去的经验与想法在上面刻满了印记。有时我们不恰当地把这些记忆应用于当前体验，因此犯下错误。

我们以为自己认识某个素不相识的人。我们假定以往形成的某些理论仍然具备解释力，而这种解释力其实已不复存在……

更糟糕的是，我们有时把错误当成真相记下来。

心灵像是一个巨型鸟笼，缤纷多彩的思想充斥其间，四处飞翔，而有时我们抓住了错误的那个。柏拉图不确定我们如何避免这种内在的理智缺陷。最终，知识很可能应该是那些我们给予信任的、其属性为真的、而我们能够清晰辨识之物。知识不仅拥有"碰巧"为真的信念——知识必须要通过某种方式得以"限定"。然而，试图定义知识的本来面目，终究是非常困难的事情。目前所有哲学家在这方面仍然有着一致的看法。

《斐德罗篇》

这是一本关于爱、修辞学与语言的书。斐德罗朗读了著名演说家吕西亚斯关于爱的一篇演说,接着苏格拉底在同一主题上做了即兴发言,重复了《会饮篇》中的一些观点。不过,接下来关于修辞学的讨论更加具有独创性。在《理想国》里,柏拉图总是严厉批评智者学派,以及他们对"有效谈话"的过高评价。

什么是修辞学？

"修辞学"流传到今天，对我们而言指的仅仅是夸张空洞的高谈阔论。对希腊人来说，它的意义则完全不同。作为一种至关重要的技巧研究，修辞学发现了语言实际的运作方式，以及怎样操纵它的方法。"是什么使得语言对我们*如此有说服力*？"修辞学是对这个问题的研究，它与**逻辑学**有关。我们今天仍在使用的**符号学**（希腊语，即符号研究），在理论基础上跟它也有关联。亚里士多德在他那部影响深远的《论修辞》里，也探讨了这些复杂的技术细节。柏拉图非常清楚修辞技巧，并将它们卓越地运用在了他的著作里。

有一天你会忘记"精巧"（sophisticated）一词源自于"智者"一词。

我与过度精巧地滥用修辞学的行为进行斗争——它威胁要取代严肃的哲学。

反对写作

这篇对话的结尾是一种几乎不加掩饰的批评,斐德罗照本宣科地复述了他人的观点。苏格拉底谴责写作是种非自然的记载知识的方式。哲学永远都不是"完备"的或"已经终结"的,而永远处在"成为"的过程中,只有通过现场对话和心智的互动而持续发展下去。

这意味着真理无法在自称完整和终结性的文本中找到。

文本也无法在遭到误用或歪曲后予以反驳。

因此苏格拉底总结到,写下的文字只有在作为记忆的辅助时才有用。

柏拉图自己收藏了很多卷著作,不过他的"学园"里没有图书馆或者"出版物"这类东西。知识总是通过口头传授,而学生则需要跟老师和同伴们争辩论理。确实有一名学生在柏拉图的课上记了笔记,结果在海上全部丢失了。

他回来以后声称,终于已经理解了我的箴言。

我们不应写在书里,而是要写在"灵魂上"。

不过既然这个论点本身就是写下来的,柏拉图对写作的攻击看起来很奇怪。显然他并不怀疑语言反映真相本质的能力。在**雅克·德里达**的术语中,他是一名"逻各斯中心主义"哲学家。那么,德里达(生于1930年)的"逻各斯中心主义"是什么意思呢?

解构逻各斯中心主义

逻各斯中心主义的关注中心,是希腊语单词 *logos* 的歧义性。该词同时可以表示"字词""内在想法"或者"理性"本身。于是,极度的混乱就此开始。

柏拉图把口头表述看得比写作更重要,因为他假定某种文本之外的东西为文本赋予了确定意义。

这就是我所说"逻各斯中心"的意思。

柏拉图以来的西方哲学错误地假定,语言是在以某种方式反映客观现实的"正确意义"。德里达的批评,或者说对哲学文本的**解构**,揭示了它们暗藏的隐喻本质与无意识观念,而这些都是作者仍未察觉之物。比如在《斐德罗篇》中,柏拉图通过使用 *pharmakon* 一词,可以声称写下的文字既是"毒药",又是"疗法"。这个词确实具有医学、治疗、毒物、药品、符咒、魔法等多重含义。德里达指出,柏拉图自己的语言常常造成与他想要表达的意思适得其反的效果。

私人与公共声音

尽管《斐德罗篇》的文本本身可能会被梳理并揭示出某些内在的不一致性,但它的中心立论仍然保持不变。在现当代社会以前,人类能够听闻的多数话语,仍然只是身边某个人对他们单独言说的内容。但现在,我们生活在一个大众传媒的世界里。在我们这个后现代世界中,语言显得离任何个体发言者都很遥远。我们接触各种"信息",但常常无法知道它们的来源或者意图。互联网将算法像素构成的观念输入网络空间——所有这些都能通过上百种方法被操纵。

网络话语是由那些虚构或隐匿身份的人制造出来的。所以,柏拉图说得有道理。

在阳光普照的雅典树林里与认识的人进行直接讨论,这看上去的确更合意。

柏拉图的继承者之一：亚里士多德

亚里士多德跟随柏拉图将近二十年，是他最好争论的学生之一。柏拉图的很多观点他都不同意。在他的《形而上学》里，他批评柏拉图的理念论，认为其理念的超验性与神秘性几乎不可理喻。他明智地认为理念与殊相并非独立存在。

理念融入个体殊相，并成为潜在的属性。

或者，更简单地说：所有具体而殊的橡子都具有潜在的橡树的理念。

通过仔细观察自然界中的殊相，我们有可能得出世界如何运转以及受哪些强大力量操纵的结论——这种方法是经验科学的核心。

亚里士多德的伦理学也显得更合理。道德并不是某种特殊知识，它并不像数学知识那样只会被少数人获取。

道德是一种心思态度，是一种实用的行为方式，任何人只要得到足够训练与经验，都可达到。

不过尽管亚里士多德的哲学与柏拉图的十分不同，他总是赞扬他的老师，称他提出了正确的问题。正是柏拉图首先使哲学成为了一门学科。

柏拉图主义者、新柏拉图主义者及其他

柏拉图的雅典学园继续存在了将近一千年，直到529年终于被基督教皇帝查士丁尼关闭。新柏拉图主义者，比如早期的基督教领袖俄利根以及普罗提诺，把柏拉图许多关于善、灵魂与不朽的观点转化成为复杂的神学。而在对中世纪经院哲学的影响方面，亚里士多德较之柏拉图更大。柏拉图的文本由阿维森那（注："伊本·西那"的拉丁文拼法。）等伊斯兰学者保存并加以注释。幸亏有他们，柏拉图才会在意大利文艺复兴时期被"重新发现"，并且影响到彼特拉克、伊拉斯谟、托马斯·摩尔等其他学者，使他们质疑经院哲学的教条。伽利略，第一位"现代"物理学家，就对《蒂迈欧篇》十分推崇。这篇作品强化了他反对亚里士多德的观点。

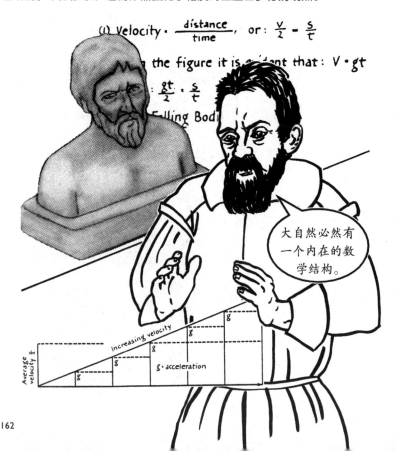

欧洲哲学每个阶段都有自己的"柏拉图"。

我在柏拉图的唯心主义里看到了自己创立的辩证哲学的早期样式。G.W.F.黑格尔（1770—1831）

艺术的教育功能在于把柏拉图的理念变得具体，从而让人能够理解。阿图尔·叔本华（1788—1860）

我自己的哲学旨在重新发现被柏拉图的唯心主义所隐藏的"存在"。马丁·海德格尔（1889—1976）

全部西方哲学不过是对柏拉图的一系列脚注。A.N.怀特海（1861—1947）

我们已经看到柏拉图如何激励后现代主义者，比如雅克·德里达和茱莉亚·克莉斯蒂娃。看起来柏拉图的思想还会存在很长一段时间。

他是哪种哲学家?

前苏格拉底时期的哲学家只有谜语一样的残篇保存下来。所以,如果说苏格拉底,一个说话者而并非作家,被视为世界上第一位面貌清晰的哲学家,这全都要归功于柏拉图对他的记载。此外,柏拉图也是一位把自己的观点记载下来的更系统的思想家。他的著作包括几乎所有哲学的中心问题:认识论、形而上学、伦理学、政治与审美。

在其他方面——从教育到养蜂——我也写了很多。

哲学家做什么？

公元前 5 世纪的雅典显然是健谈者甚众的城市，这里充斥着关于人性、社会以及哲学所扮演角色的不同看法，同时对此三者存在着大量的怀疑。智者学派关于人类知识局限性的一些怀疑论调，在目前看起来显得很"后现代"。柏拉图对他们的批评回应，是为了发现哲学家的真正使命。

首先，检查人们提出的各种问题。

其次，分析它们所引发的纷纭众说。

提出一些无法回答的问题，然后满足于荒诞不经或肤浅的答复，这太容易了。这也许解释了为什么柏拉图的大部分作品都以对话体出现——因为这种体裁就是要展开调查和盘诘。

对话盘诘

柏拉图笔下的苏格拉底一次又一次提出重要的问题,而能力截然不同的各种人物则尝试给出答案。这些答案的表述形式,通常是一些不确定的、无法让人满意的定义。

之后这些答案被辩论,并被驳斥。

被更多的假说取代……

这些假说本身也被检验。

这是一个劳神费力的过程。只有等到所有人都同意该回家睡觉时,它才会结束。

对于那些不习惯探究哲学的人来说,阅读柏拉图可能会成为一种挫折体验。要命的是,如果他们相信,哲学家的本分,就是针对那些至关重要、常让人疑惑的问题,那些似乎在人类经验里频繁出现的问题,来为我们提供清晰明确的答案,那么情况就更是如此。

答案是什么?

柏拉图可能对这种更显职业艰难的描述深有同感。他不认为哲学仅仅是超然的逻辑分析。哲学是异常严肃的道德事务。他觉得他能够为许多类似的问题提供答案。他相信世界秩序依照理性而形成。因此,数学是理解万物如何运转的钥匙。

关于数学、道德与政治,存在着某些永恒不变的真理,它们以密码形式被置入宇宙与人心。

少数专家可以发挥特殊的预知能力,以便重新发现这些真相。

他们"看见"一座幽灵般的理念的"金字塔",顶上是闪闪发光的威严的"善"。

这种半宗教体验让他们能够永不犯错,使得他们的道德权威合法化,并赋予他们绝对的政治权力。

追寻理想的完美

这些神秘教义通常会像宗教教规一样被武断呈示在我们面前,或者通过囚徒与洞穴、船只与船员这些寓言来进行解释。柏拉图有力的文笔经常给人造成他的哲学前后一致又清晰的印象。但出人意料的是,"柏拉图主义"的那些核心教义既不明晰易懂,也没有经过非常严格的逻辑辩论。

相对于这个他无法摆脱的破败匮乏的世界,柏拉图满心憧憬着一个更纯净、更可靠的世界。

同时,柏拉图同样难辞其咎的是,由于他的作用和影响,许多哲学家都认为,哲学只是少数自封为专家的人对隐秘晦涩知识的探寻。他的政治哲学很有效,因为我们总是需要建立政治理想,但这种哲学的破坏作用也可能非常大。目前看来,若要实现乌托邦式的梦想,极权主义手段则在所难免。

柏拉图,逃避艺术家

我们很难给柏拉图下定论。他似乎不是一位哲学家,而是几位:一位尝试厘清那些概念上存在的困惑的人;一位提倡以优生学原理为基础而实行无情独裁统治的教条主义精英;一位更完善世界的发明者。一名叫奥林匹奥多罗斯的新柏拉图主义者说,柏拉图有次曾梦见他是只天鹅,为了躲避猎人的弓箭而从一棵树上飞到另一棵树上。

希腊人很认真地对待他们的梦。奥林匹奥多罗斯对这个梦的解析是：它意味着真正的柏拉图将永远无法被任何笺注家或诠释者所领悟。他的哲学永远也不会绑定于某个单一的教条。对于柏拉图而言，哲学永远只是探寻的开始，而非结束。我们对此只能表示赞同，并将它作为结束本书的绝佳理由。

拓展阅读

柏拉图几乎所有的著作都可以在企鹅经典或者其他平装本系列中找到。与很多较为现代的哲学著作不同，柏拉图早期关于苏格拉底生平的记载，以及他最出名的作品——《理想国》，都明白易懂且充满趣味。确定柏拉图哲学作品的创作时间很困难，部分原因在于当时没有"出版日期"这回事。没人能肯定这些著作的先后顺序。它们很可能都成书于公元前4世纪，在公元前399年苏格拉底死后，而《理想国》的写作时间大约是公元前375年。他的作品一般分为早期、中期与晚期，《申辩篇》《克力同篇》《游叙弗伦篇》《拉凯斯篇》《卡尔米德篇》《美诺篇》《普罗泰戈拉篇》《克拉底鲁篇》及《高尔吉亚篇》，据推测为早期作品，《会饮篇》《理想国》与《斐多篇》为中期，《巴曼尼德篇》《泰阿泰德篇》《智者篇》《蒂迈欧篇》《克里底亚篇》及《法律篇》则被认为是晚期作品，不过，《蒂迈欧篇》与《克拉底鲁篇》的年代仍然存在争议。

有关古希腊文明与哲学的书籍

The Greeks, H.D.F. Kitto (Penguin, London 1951)，该书仍是介绍古希腊与其居民的书籍中最清晰且最易懂者之一。

The Cambridge Companion to Early Greek Philosophy, ed. A.A. Long (Cambridge University Press, 1999)，收集了几篇非常有用的关于各位前苏格拉底哲学家的文章。

A History of Greek Philosophy, W.K.C. Guthrie (Cambridge University Press, 1979)，为真正热衷于哲学的人而编写。这套书共有五卷，囊括了从泰勒斯到柏拉图的所有人。

其他有用的介绍性书籍

Early Greek Philosophy, Jonathan Barnes (Penguin, London 1987).

An Introduction to Greek Philosophy, J.V. Luce (Thames and Hudson, London 1992).

想要轻松阅读的话,读者可以去看 Luciano de Crescenzo 的 *The History of Greek Philosophy* (Picador, London,1989),其中记述了前苏格拉底哲学家、智者学派,以及作者在那不勒斯的一些相识者的哲学观点。

关于柏拉图的书有很多,这里推荐一些:

Plato, R.M. Hare (Past Masters Series, Oxford University Press, 1982),这本对柏拉图哲学思想之复杂性的简短介绍非常棒,尽管有时比较艰深。

Understanding Plato, David J. Melling (Oxford University Press, 1987),简短、清晰且通俗。

An Examination of Plato's Doctrines, I.M. Crombie (Routledge, London 1963). 这套书有两卷,非常详尽全面,大概更适合比较有经验的哲学读者。

Plato's Republic: A Philosophical Commentary, R.C. Cross and A.D. Woozley (Macmillan, London 1964),本书写给那些想要阅读《理想国》并更加深入思考其中所有哲学问题的人。

The Cambridge Companion to Plato (Cambridge University Press, 1993),收集了 14 篇关于柏拉图哲学的不同层面的有用文章。

作者也很喜欢 I.F. Stone 对苏格拉底的恶毒攻击,*The Trial of Socrates* (Picador, London 1989) 与 Martha C. Nussbaum 的 *Love's Knowledge* (Oxford University Press, 1990)。

卡尔·波普尔的《开放社会及其敌人》(第一卷)(Routledge, London 1966)仍然是批判分析柏拉图政治哲学的最具影响力的作品。

致谢

作者对所有与他一起学习柏拉图哲学的学生表示感谢。他们不仅帮助他鉴别并阐明问题,甚至还为他提供了一些答案。苏格拉底坚信哲学是一种活动,或许他终究还是对的。本书作者还要感谢朱迪·格罗夫斯(Judy Groves)的艺术创意与友谊,以及编辑理查德·阿皮尼亚内西(Richard Appignanesi)的不厌其烦、耐心与辛苦劳作;他除了拥有其他许多才能外,还知道怎样正确使用逗号和分号。

本书配图画家在此要感谢 Oscar Zarate 提供的一些杰出画作;感谢 Arabella Anderson 和 Deane Waerea 同意我把她们的照片用于本书;此外还有 David King 和 Howard Peters,他们帮助我完成了相关图片的查找工作。

索引

阿狄曼图 55-56
爱情 130-137

《巴曼尼德篇》79
本质 24
毕达哥拉斯 16-17
波普尔,卡尔 118
玻勒马霍斯 49-50
柏拉图
　后世 162-163
　利用苏格拉底 25
　在叙拉古 7,9-10
伯里克利 4

城邦 14

道德 27,104,108-109
　亚里士多德 161
　苏格拉底论 104
　色拉叙马霍斯 50-58
德里达,雅克 25,157-158
定义 68-73
德谟克利特 142
德性 41,42
　作为知识 23
等级制社会 93,98-99
狄翁 7,9-10
《蒂迈欧篇》138
独裁 114-117

恩培多克勒 141

《法律篇》123-129
范式,见理念
《斐多篇》32-35,70

《斐德罗篇》154-159
《高尔吉亚篇》41
格劳孔 55-56
葛兰西,安东尼奥 99
共相 61-62,84-85
寡头政治 120
国家 48,86-91
　亦见 等级制社会

海德格尔,马丁 76,163
合并 87
赫拉克利特 18,64
黑格尔,G. W. F. 163
护卫者 92-94,98-103
怀特海,A. N. 163
幻觉,世界作为 60
回忆 43-45
《会饮篇》130
霍布斯,托马斯 57

教育 91
军人政府 120

克法洛斯 49-50
《克力同篇》31
克莉斯蒂娃,茱莉亚 144
空间 144

劳动分工 89
理念 63-73,96
　亚里士多德 160
　艺术 107
　缺陷 79-81
　与护卫者 102-103
　道德 108-109

175

《蒂迈欧篇》140
《理想国》15，46-121
　军队 90
　作为蓝图 118
　对专家的需求 92
理性主义 152
粒子理论 142
领导者，见护卫者
伦理 55-58，108
伦理相对主义 38
逻各斯中心主义 158

马格尼西亚城邦 124-127
马克思，卡尔 54，99
《美诺篇》42-45，70
米开朗基罗 107
密尔，约翰·斯图亚特 115
民主 110-117，121
目的论观点 13

尼采，弗雷德里希 54
奴隶 13

《普罗泰戈拉篇》40-41

囚徒与洞穴 94

人性 55-58
认识论 59-75
荣誉政体 120

色拉叙马霍斯 50-54
社会，等级制 93，98-99
社会的起源 88
神权国家 126-127
叔本华，阿图尔 163
殊相 61，71-73
数学 65-67，96-98

的重要性 8，10
数学家的殖民地 17
斯巴达 4-5
苏格拉底 6，21-22，68，49
　之死 28-30，32
　对柏拉图的影响 25，35
　不宽容 128-129
　论道德 104
　《泰阿泰德篇》147，149
《申辩篇》28

《泰阿泰德篇》147-151
同性恋 131-136

完美，对其的渴望 169
唯名论者 85
维特根斯坦，路德维希 76
文化相对主义 38
乌托邦主义 118-119

希腊
　城邦 14
　语言 74-76
希罗多德 38
弦理论 143
修辞学 154-155

雅典 2-4，48
雅典学园 8
亚里士多德 11，160-161
亚特兰蒂斯 138-139
艺术 105-106
《游叙弗伦篇》26-27
宇宙，143

哲学：是什么？ 166-167
政府 57，110-117
　的种类 120-121

亦见 护卫者
政治，苏格拉底 29-30
政治哲学 86
知识 59-75，78，82-83
   其确定性 35
   赫拉克利特 18-19
   数学 96-97
   德性作为 104

苏格拉底 21-24，27
智者学派 15，36-40，105
《智者篇》145-146
转世 33，43，141
自私 55-58
宗教 13
   与道德 26-27